Dick & Sharon Nelson

W0057829

# Wüsten-Survival

**Band 20**

**OUTDOOR HANDBUCH**

# Wüsten-Survival

Alle Informationen, schriftlich und zeichnerisch, wurden nach bestem Wissen zusammengestellt und waren korrekt zum Zeitpunkt der Recherche. Eine immerwährende Garantie für die Richtigkeit kann naturgemäß nicht übernommen werden.

Der Autor ist für Lesertips und Verbesserungsvorschläge unter Angabe der Auflagen- und Seitennummer dankbar. Leser, deren Einsendung verwertet wird, werden in der nächsten Ausgabe genannt und erhalten als Dank ein Exemplar der neuen Auflage oder ein anderes Buch ihrer Wahl aus dem Programm des Conrad Stein Verlags.

| | |
|---|---|
| Text | Dick & Sharon Nelson |
| Übersetzung | Kare Ahlschwede |
| Bearbeitet von | Alexander Sy & Conrad Stein |
| Lektorat | Marie-Luise Tolkmit |
| Titelfoto | Alexander Sy |
| Fotos | Alexander Sy, Conrad Stein |
| Zeichnungen | Dick Nelson, Feather Hammond, Sheridan Oman |
| Druck | Norddruck Neumann KG, Kiel |

Titelbild     Wüstenwanderer beim Durchqueren des Death Valley

Dieses OutdoorHandbuch hat 123 Seiten mit 6 schwarzweißen Abbildungen sowie 10 Zeichnungen. Es wurde auf chlorfrei gebleichtem Papier gedruckt.

ISBN 3-89392-120-6                 001480

# Inhalt

# Vorwort

Wüsten bedecken etwa ein Fünftel der Erdoberfläche. Sie werden definiert als Gebiete mit durchschnittlich **weniger als 250 mm Niederschlag im Jahr** bei wenigstens zeitweise hohen Temperaturen. Die Sahara als größte Wüste der Erde hat beispielsweise sogar nur durchschnittlich 50 mm und sogar diese bleiben oft jahrelang aus. Andere Faktoren, etwa die geringe relative Luftfeuchtigkeit, sind für die meisten Wüstengebiete charakteristisch.

Der Zweck dieses Buches ist es, Wüstenreisenden Informationen und Hilfen zu liefern sowie Notfälle meistern zu helfen. Noch besser wäre es allerdings, wenn es zur Verhinderung solcher Notfälle beitragen könnte.

Das Überleben in der Wüste erfordert Wissen und Erfahrung. Erfahrung jedoch kann man sich nicht anlesen.

Wenn Sie eine Wüstendurchquerung beabsichtigen, sei es per Auto, zu Fuß - oder mit einem Reittier: Planen Sie im voraus und versuchen Sie soviel Informationen wie möglich zu bekommen.

Überleben bedeutet genau das, was es sagt: **am Leben bleiben**. Konzentrieren Sie sich voll darauf, und erst dann versuchen Sie aus der Situation herauszukommen oder Helfer auf sich aufmerksam zu machen.
Überlebenssituationen können Stunden oder Tage brauchen, um sich zum Ernstfall zu entwickeln (ein Autoteil geht langsam kaputt, ein Sandsturm baut sich auf usw.) - oder der Ernstfall ist innerhalb von Sekunden da (ein Schlangenbiß, ein Sturz).

☺ Das Wichtigste bei diesen Vorfällen ist: **cool bleiben** und die richtige Entscheidung treffen. Vergeuden Sie nicht die Zeit mit dem Lesen dieses Buches, wenn Sie in einer Survival-Situation sind.

**Lesen Sie dieses Buch vorher** und befolgen Sie Anregungen, z.B. den Bau eines Sonnenkondensators bei einem normalen Campingurlaub in Italien oder am Strand an der Ostsee.

Für Experimente haben Sie in einer wirklichen und ernsten Überlebenssituation keine Zeit. Erfahrungen und Fähigkeiten sollten Sie schon vorher gesammelt und erlernt haben.

ausreichend Schweiß absondern, um überschüssige Wärme abzugeben.

Die Körpertemperatur steigt, und chemische Störungen treten auf, bis hin zum Kollaps. Die Folgen können tödlich sein, wenn der Prozeß nicht gestoppt und umgekehrt wird.

✋ In heißen Trockengebieten muß Schweiß auf der Haut durchaus nicht sichtbar sein. Er kann verdunsten, bevor sich Tropfen bilden. Diese schnelle Verdunstung ist normal und sollte nicht mit dem Hitzschlag verwechselt werden, bei dem das Schwitzen völlig ausbleibt.

✱ Der **Wasserbedarf Ihres Körpers** hängt von vielen Faktoren ab. Viele von ihnen werden wir später ausführlich behandeln, doch seien hier schon einige genannt:

Die Umgebungstemperatur, Ihre Bekleidung, die Windgeschwindigkeit, Ihr Alter, Ihr Gewicht und Ihre Statur, Ihre körperliche Beanspruchung, Ihre Gewöhnung an die klimatischen Verhältnisse, Ihre allgemeine körperliche Verfassung usw.

In einer Reihe von Studien ist der Wasserbedarf des menschlichen Körpers unter den Bedingungen einer Wüste untersucht worden. Das Buch "Die Physiologie des Menschen in der Wüste" (E. F. Adolph u. Mitarbeiter, 1947) enthält die Ergebnisse einer solchen Untersuchung. Die folgenden zwei Tabellen wurden hier aufgenommen, um zu betonen, welche großen Wassermengen der Mensch in der Wüste eventuell braucht.

| In völliger Ruhe | | | | | |
|---|---|---|---|---|---|
| Vorhandenes Wasser pro Person in Litern | | | | | |
| 0 | 1 | 2 | 4 | 10 | 20 |
| Max. Temp. im Schatten | | | | | |
| Vermutliche Überlebenschance in Tagen | | | | | |
| 2 | 2 | 2 | 2,5 | 3 | 4,5 |
| 3 | 3 | 3,5 | 4 | 5 | 7 |
| 5 | 5,5 | 6 | 7 | 9,5 | 13,5 |
| 7 | 8 | 9 | 10,5 | 15 | 23 |
| 9 | 10 | 11 | 13 | 19 | 29 |
| 10 | 11 | 12 | 14 | 20,5 | 32 |
| 10 | 11 | 12 | 14 | 21 | 32 |
| 10 | 11 | 12 | 14,5 | 21 | 32 |

Die linke Spalte "Max. Temp. im Schatten" enthält: 49°, 43°, 38°, 32°, 27°, 21°, 16°, 10°

Beachten Sie, daß es sich hier um Durchschnittswerte handelt, die bei verschiedenen Personen ermittelt wurden, und daß manche Menschen unter extremen Wüstenbedingungen in weniger als einer Stunde sterben können.

### Nach Nachtmarsch bis zur Erschöpfung und anschl. Pause

| Max. Temp. im Schatten | Vorhandenes Wasser pro Person in Litern | | | | |
| | 0 | 1 | 2 | 5 | 12 |
| | Vermutliche Überlebenschance in Tagen | | | | |
| 49° | 1 | 2 | 2 | 2,5 | 3 |
| 43° | 2 | 2 | 2,5 | 3 | 3,5 |
| 38° | 3 | 3,5 | 3,5 | 4,5 | 5,5 |
| 32° | 5 | 5,5 | 5,5 | 6,,5 | 8 |
| 27° | 7 | 7,5 | 8 | 9,5 | 11,5 |
| 21° | 7,5 | 8 | 9 | 10,5 | 13,5 |
| 16° | 8 | 8,5 | 9 | 11 | 14 |
| 10° | 8 | 8,5 | 9 | 11 | 14 |

Benutzen Sie die Tabellen also nicht zur Einschätzung Ihres persönlichen Wasserbedarfs, diesen können Sie nur selbst feststellen. Überzeugen Sie sich aber von dem großen Einfluß, den das Wasser auf die Tageswerte hat.

Der Wanderer wird fragen: "Wieviel Wasser werde ich für einen ganztägigen Ausflug in die heiße Wüste brauchen?" Leider gibt es hierfür keine allgemein gültige Antwort. Wir können unterstellen, daß 5 Liter pro Person und Tag den absoluten Mindestbedarf unter jedweden Wüstenbedingungen darstellen. Beachten Sie, daß dies in vielen Situationen schon nicht mehr ausreichend ist.

☺  Ein praktischer Weg zur Bestimmung Ihres Wasserbedarfs unter verschiedenen Bedingungen ist es, anfangs mehr mitzunehmen, als Sie brauchen könnten. Für einen Tagesausflug wären das 6,5 Liter.
Notieren Sie unterwegs Temperaturen, Gelände, Entfernungen und Zeiten. Notieren Sie am Ende auch, wieviel Wasser übrigblieb. Das nächste Mal nehmen Sie weniger mit, jedoch grundsätzlich einen Notvorrat. Sehen Sie die tatsächlichen Verbrauchszahlen immer als Untergrenze, nicht als Obergrenze bei Ihren Planungen an!

Aus der Erfahrung können Sie schließlich beurteilen, wieviel Sie unter verschiedenen Bedingungen brauchen werden, um sowohl Risiken, als auch das Tragen überflüssiger Mengen zu vermeiden.

✱     Richten Sie sich **nicht nach irgendwelchen Formeln oder Faustzahlen**. Wir hören des öfteren "5 Liter Wasser reichen für 20 Kilometer Marsch" und ähnliches. Unter Umständen kommen Sie mit 5 Litern knapp 2 Kilometer weit oder auch 50. Nur durch praktische Erfahrung werden Sie lernen, Ihren tatsächlichen Wasserbedarf richtig einzuschätzen.

✱     Das **Gewicht** ist ein wichtiger Faktor bei der Bestimmung des mitzunehmenden Wasservorrats. Ein Liter Wasser wiegt ein Kilogramm; hinzu kommt das Gewicht des Behälters. Hierdurch wird die Menge schon begrenzt. Natürlich können Sie 15 Liter durchaus tragen, doch werden die größere Anstrengung und das vermehrte Schwitzen eher nachteilig sein.

Wir selbst haben nie mehr als 10 l pro Person mitgenommen. Wenn diese nicht ausreichten, planten wir entweder zuverlässige Nachfüllmöglichkeiten ein oder verkürzten unsere Wanderung.

☺     Eine sinnvolle Faustregel ist, daß Sie mindestens die Hälfte des Weges zurückgelegt haben sollten, bevor die Hälfte Ihres Wassers verbraucht ist.

Wir können uns keine Situation vorstellen, in der es ratsam wäre ganz ohne Wasser zu Fuß in die Wüste aufzubrechen. Selbst im Winter werden Sie welches brauchen. Auch wenn Sie sicher sind, daß am Ziel oder unterwegs Wasser vorhanden sein wird, sollten Sie einen Vorrat für unvorhergesehene Zwischenfälle mitnehmen.

Tragen Sie immer eine in jedem Falle ausreichende Menge und zusätzliches Wasser für Notfälle bei sich. Mit zunehmender Erfahrung werden Sie eher dazu neigen, mehr mit sich zu führen. Irgendwann einmal ohne Wasser dazustehen, ist im schlimmsten Fall tödlich!

✱     **Durst** ist nicht immer der beste Anzeiger für den jeweiligen Wasserbedarf des Körpers. Sie können ernste Wasserverluste erleiden, ohne sehr großen Durst zu spüren.

☞     **Trinken Sie in heißen Trockengebieten immer in regelmäßigen Abständen, anstatt zu warten, bis Sie durstig sind.**

Ihr Reaktionsvermögen und Ihre allgemeine Leistungsfähigkeit können durch Wassermangel stark herabgesetzt werden. Entsprechend kann auch das Warnsignal Durst ausbleiben. Bei großer Hitze trinken wir in regelmäßigen Abständen und ermuntern auch andere, es zu tun.

✳ **Die Auswahl Ihrer Wasserbehälter** sollten Sie nicht zufällig treffen. Nehmen Sie nicht gleich die Erstbesten, die Sie im Supermarkt finden. Viele sind unpraktisch oder undicht und könnten Sie im entscheidenden Moment im Stich lassen.

Nach einigen Versuchen und Fehlschlägen bevorzugen wir mittlerweile Wasserflaschen aus Polyäthylen-Kunststoff mit einem Liter Fassungsvermögen. Sie haben einen doppelten Verschluß, bestehend aus einem Stöpsel und einer Schraubkappe. Beide sind mit einer Lasche verlustsicher an der Flasche befestigt. Die Aluminium-Flaschen mit Schraubverschluß sind ebenfalls gut geeignet. Diese Arten von Behältern sind in Ausrüstungs-Fachgeschäften erhältlich.

Sie sollten mit verschiedenen Feldflaschen experimentieren, um den für Sie geeignetsten Typ herauszufinden. Einige geben dem Wasser einen schlechten Geschmack, andere sind schlecht verarbeitet und halten nicht lange. Manche unserer Flaschen begleiten uns schon seit zehn Jahren. Es gibt Feldflaschen mit Stoffbezug, der durch Verdunstung den Inhalt kühlen soll. Wir verwenden sie wegen des höheren Gewichts nicht.

☺ In der Nacht vor dem Aufbruch füllen wir unsere Wasserbehälter und legen sie - bis auf eine pro Person - in den Kühlschrank. Mit dieser Methode können Sie sich einen kühlen Wasservorrat auch nach Stunden sichern, selbst wenn Sie mit dem Rucksack unterwegs sind.

Sie sollten darauf achten, daß Ihre Flaschen durch das Kühlen nicht brüchig werden. Ein Behälter sollte gekühlt, jedoch nicht eingefroren werden. Nachts kühlt das Wasser etwas aus. Wenn Sie die Flaschen am Morgen dick isolierend in Kleidung u.ä. einwickeln, haben Sie unterwegs auch kühles Wasser - aber trinken Sie kaltes Wasser nicht zu schnell!

## Wasser sparen

Am besten sparen Sie Wasser, indem Sie "schwitzige" Situationen vermeiden. Rationieren Sie Ihr Wasser nicht, wenn Sie durstig sind, denn Durst zeigt Ihnen an, daß Ihr Körper Wasser benötigt. Das Wasser in Ihrem Körper hilft, seine Eigentemperatur von 37° konstant zu halten - in der Feldflasche erfüllt es diese Funktion nicht!

Viele glauben, sie könnten ihre Vorräte "strecken", indem sie nur kleine Mengen trinken, obwohl sie stark schwitzen und sehr durstig sind. Dies ist nicht der Fall: **Wasserverluste müssen sofort ersetzt werden**, und nicht erst irgendwann später. Auf die beschriebene Weise werden Sie Ihre Chancen eher verschlechtern, aus der Wüste herauszukommen oder eine Wasserquelle zu finden.

**Anmerkung**: Die Meinung der Autoren ist umstritten. Schiffbrüchige z.B. hätten ohne Rationierung oft keine Chance gehabt.

Der hohe Wasserbedarf kann nicht oft genug betont werden. Wenn Sie schwitzen, wenn es heiß ist oder wenn Sie durstig sind, trinken Sie unbedingt ausreichende Mengen. Stellen Sie ebenfalls sicher, daß Sie **genügend Salz zu sich nehmen**, speziell wenn Sie unmäßig schwitzen.

Es ist von vielen Fällen berichtet worden, in denen man Tote mit größeren Wasservorräten in ihren Feldflaschen fand. Natürlich kann ihr Tod verschiedene Ursachen gehabt haben, aber wenigstens einige kamen wohl ums Leben, weil sie versuchten, ihr Wasser zu rationieren - anstatt es zu trinken, als es notwendig war. Trinken Sie Ihr Wasser, solange Sie es können, und unternehmen Sie dann alles, um unnötiges Schwitzen zu vermeiden. Entsprechende Verhaltensweisen behandeln wir am Ende des vierten Kapitels.

## Auswirkungen des Wassermangels
Dieser wichtige Aspekt des Überlebens in der Wüste wird in Kapitel 4 besprochen, wo wir außerdem auf die Einflüsse von Hitze und Sonne auf den menschlichen Körper eingehen. Es ist oft eine Kombination dieser Faktoren mit anderen, die zu ernsten Problemen führt.

## Wassertransport
Wir erwähnten bereits die Behälter, die wir zu Tagestouren und im Rucksack mitnehmen. Unsere fassen einen Liter und werden **mit**

**Stöpsel und / oder Schraubkappe verschlossen**. Sie sind unzerbrechlich, und wir können den Inhalt kühlen, ohne daß sie platzen oder brüchig werden. Es gibt sie in verschiedenen Größen und Formen, was die Unterbringung im Gepäck erleichtert.

**Anmerkung**: Eine Art Plastikbeutel mit Ventil in einer Plastiktüte (Wein- oder Saftverpackung) hat sich als Reservebehälter bei langen Wanderungen gut bewährt. Er nimmt unbenutzt fast keinen Platz ein und kurzfristig können dabei einige Liter zusätztlich transportiert werden.

Wir halten es für sicherer, mehrere Feldflaschen statt eines einzigen großen Behälters zu verwenden. Sie sind leichter zu verpacken und besser zu verteilen. Noch wichtiger ist, daß ein Leck oder ein umgestoßener Behälter nicht den ganzen Vorrat gefährdet.

Wenn eine Flasche geleert ist, geben Sie **Desinfektionstabletten**, -pulver oder -tropfen (z.B. *Certisil* oder *Micropur*) hinein. Nehmen Sie jede Möglichkeit zum Wiederauffüllen sofort wahr, die sich Ihnen unterwegs bietet. So wird das Wasser desinfiziert sein, wenn Sie darauf zurückgreifen müssen.

Wir mischen auch gern den Inhalt wenigstens eines Behälters mit Brausepulver oder ähnlichem, um auf der Wanderung etwas Abwechslung zu haben.

Für Autotouren verwenden wir robuste 10-Liter-Kanister aus Kunststoff. Sie sind leicht zu verstauen und auch voll nicht zu schwer. Sie werden einige Zeit suchen müssen, bevor Sie eine wirklich haltbare Sorte finden. Wir nehmen auf längeren Fahrten vier solche Kanister mit und zusätzlich eine Kühltasche mit einem Eisblock (als Block schmilzt das Eis nicht so schnell wie Würfel oder Brucheis).

☺ **Beschriften Sie Ihre Kanister**, um Verwechslungen mit Benzin usw. zu vermeiden. Verschaffen Sie sich auch öfters einen Überblick, welche noch voll und welche schon leer sind. Es gibt kaum etwas Enttäuschenderes als den Griff nach der letzten vollen Feldflasche, die in Wirklichkeit schon leer ist.

Waschen Sie neue Behälter vor dem ersten Gebrauch immer mit Wasser und Seife aus. Achten Sie auf unangenehmen Geruch oder Geschmack. Wir haben schon einige gekauft, aus denen das Wasser stark "nach Plastik" schmeckte.

Kaufen Sie gar nicht erst Behälter, die leicht kaputtgehen oder deren Teile rosten könnten. **Faltbare Wassertaschen** aus Plastik haben natürlich den Vorteil, nach Gebrauch sehr platzsparend zu sein, halten aber meist nicht lange an den Falten.

Außen am Auto angebrachte Wassersäcke verursachen Kratzer am Lack, verschmutzen, und können während der Fahrt unbemerkt herabfallen - die mit Gewebe versehenen haben aber den Vorteil, durch Verdunstung kühles Wasser zu produzieren - aber den Nachteil, daß man Wasser ebendarum verliert.

☺ Nehmen Sie auf eine Tour nur **frisches Wasser** mit und leeren Sie alle Wasserbehälter nach jeder Rückkehr. Bewahren Sie sie umgedreht und geöffnet auf, damit Bakterien und Pilze sich nicht ausbreiten können.

✱ Als Wanderer sollten Sie nicht übersehen, daß auch Ihr **Magen ein hervorragender Wasserspeicher ist**. Trinken Sie reichlich von den Vorräten in Ihrem Wagen, bevor Sie mit der Wanderung beginnen.

Wir versuchen möglichst einen ganzen Liter zu trinken, selbst wenn wir gerade nicht durstig sind. Das ist ein zusätzlicher Liter, ohne daß wir uns mit dem Gewicht einer zusätzlichen Feldflasche belasten müßten, bzw. mit dem Platz, den sie beanspruchen würde.

Alkoholische Getränke beschleunigen den Wasserverlust stark, und die üblichen Erfrischungsgetränke sind unpraktisch. Das Sinnvollste ist immer Wasser, mit einer Ausnahme allerdings: es gibt seit einiger Zeit spezielle Getränke für Sportler. Sie enthalten neben Wasser verschiedene Salze und Zucker. Solche Produkte können hilfreich sein, den Salzhaushalt des Körpers zu regulieren.

## Wasser finden

Wer sich darauf verläßt, in der Wüste Wasser zu finden, anstatt ausreichende Mengen bei sich zu tragen, schafft sich mit großer Wahrscheinlichkeit seine Probleme selbst.

In vielen Trockengebieten steht **trinkbares Wasser überhaupt nicht zur Verfügung**. Es stimmt zwar, daß in manchen Gegenden Wasser vorhanden ist, aber solche Vorkommen sind oft kilometerweit entfernt und selbst für das geübte Auge unauffindbar und grundsätzlich sehr selten. Selbst sogenannte "Seen" können ausgetrocknet sein oder stark alkalisches Wasser enthalten.

Im Folgenden beschreiben wir, **wo und wie Wasser gefunden werden kann**. Beachten Sie aber, daß es sich hier grundsätzlich um Möglichkeiten, nie um Sicherheiten handelt. Jedes gefundene Wasser sollte gegen Bakterien behandelt werden. Auch wenn keine menschlichen Siedlungen in der Nähe sind, kann es durch Wildtiere verunreinigt und als Trinkwasser für den Menschen gesundheitsschädlich sein. Wir kommen auf die Vorbehandlung von Trinkwasser noch zurück. Eventuell sind einige denkbare Wasserquellen hier nicht aufgeführt, da sie von Ihrer speziellen Situation und Umgebung abhängig sind.

**1. Viehtränken, Wassertanks, Windräder**: Ranches sind in vielen Trockengebieten der Erde vorhanden. Leider haben nicht alle gutes Wasser (allerdings kann auch fauliges Wasser in einer Notsituation lebensrettend sein; die Folgen können Sie später auskurieren). Bevor Sie zu einem weit entfernten Windrad an einem heißen Tag aufbrechen, sollten Sie überlegen, wie wahrscheinlich es ist, dort

Wasser zu finden. Einige Windräder haben seit Jahren keinen Tropfen mehr gefördert.

Behandeln Sie solches Wasser möglichst immer mit Desinfektionstabletten (z.B. Certisil oder Micropur) - oder benutzen Sie einen speziellen Wasserfilter (z.B. Katadyn).

**2. Flüsse und kleine Seen**: Die meisten Flüsse und Seen sind ausgetrocknet. Vergewissern Sie sich anhand Ihrer hoffentlich guten Karten, welche Flüsse und Seen tatsächlich Wasser führen. Viele fließen streckenweise unterirdisch oder nur zu ganz bestimmten Jahreszeiten.

**3. Tinajas oder Potholes**: In vielen zerklüfteten Felsschluchten gibt es ausgehöhlte Vertiefungen im Gestein. Sie werden in den USA und Mexiko als Tinajas bezeichnet und können Wasser enthalten. Manche sind nur einige Zentimeter groß, andere haben einen Durchmesser von mehreren Metern. Sie können nach Regenfällen das Wasser einige Tage halten, aber auch das ganze Jahr hindurch. Es können wichtige Wasserstellen für Tiere und Weidevieh sein. Diese verseuchen die leichter zugänglichen Vorkommen oftmals.

**4. Rinnsäle, Quellen, Abhänge**: Am Fuße vieler Abhänge, besonders in felsigen Regionen, kann man kleine feuchte Stellen finden, an denen Wasser austritt. Einige Quellen sind auch auf Karten verzeichnet, führen aber vielleicht nur zu bestimmten Jahreszeiten Wasser oder sind endgültig versiegt.

Wenn Sie eine Stelle gefunden haben, wo sich eine kleine Menge Wasser sammeln könnte, graben Sie eine kleine Mulde und warten, bis sie sich gefüllt hat. Nehmen Sie ein Stück Gummi- oder Plastikschlauch aus Ihrem Notfall-Set (wird noch besprochen), und saugen Sie das Wasser heraus. Eventuell müssen Sie Sand und Schmutz mit einem Stück feinen Stoffs an einem Ende des Schlauchs herausfiltern. Manchmal ist es möglich, ein Siphon zu konstruieren, durch das Wasser in Ihrer Feldflasche gesammelt wird, während Sie sich mit etwas anderem beschäftigen können (z.B. Feuerholz sammeln).

**5. Grünzonen und Oasen**: Es wird immer wieder gesagt, daß man auf der Suche nach Wasser einfach nur nach Stellen mit Grünpflanzen Ausschau zu halten brauche. Wir haben uns solche

Stellen immer wieder angesehen und festgestellt, daß nur an sehr wenigen Wasser an der Oberfläche zu finden ist. Tatsächlich kann unter einer Ansammlung von Wüstenpflanzen Wasser erst in 15 (oder noch mehr) Metern Tiefe vorkommen.

Einige Bäume sind bessere "Wasseranzeiger" als andere, und ein dichter Pflanzenbewuchs ist natürlich auch ein hervorragender Schattenspender. Grünzonen an Berghängen lassen ebenfalls auf Wasser an der Oberfläche schließen, sind aber für den unzugänglich, der schon unter Wasserverlust leidet.

**6. Graben nach Wasser**: Wenn Sie eine feuchte Stelle in einem alten Flußbett finden, können Sie dort vielleicht Wasser finden, indem Sie flach danach graben. Warten Sie, bis es sich in der Mulde gesammelt und eventuell Dreck sich abgesetzt hat. Schöpfen Sie es dann aus und verwenden Sie Ihren Gummischlauch. Manchmal ist es allerdings erforderlich, mehrere Meter tief zu graben, obwohl die Oberfläche feucht ist.

Suchen Sie also sorgfältig nach der geeignetsten Stelle, indem Sie am Rand des Bettes entlanggehen. Ein guter Platz ist oft dort, wo das Flußbett an einem Hang eine Biegung macht (Außenkurve!). Wenn nur nasse Erde zu finden ist, saugt sich u.U. ein Baumwolltuch noch voll und das Wasser kann durch Auswringen gewonnen werden.

**7. Kakteen**: In der Vorstellung vieler Menschen geistert der Barrel-Kaktus (von engl. barrel = Faß) als verläßlicher Wasserspender herum. Frühe Expeditionsberichte deuten auf den Gebrauch von Barrel-Kakteen durch Indianer hin; dennoch haben wir unsere Vorbehalte. Uns ist keine umfassende Studie bekannt, in der festgestellt wurde, daß der Barrel-Kaktus eine sichere und unschädliche Quelle trinkbarer Flüssigkeit ist. Es gibt ihn in vielen Wüstengegenden, in anderen ist er völlig unbekannt.

Barrel-Kakteen werden 1,20 m hoch und höher. Sie sind mit zahlreichen kräftigen Stacheln überzogen und haben eine zähe Außenhaut. Es ist sehr schwierig, die Pflanze nur mit einem Taschenmesser zu öffnen - oft ist eine Machete oder sogar eine Säge erforderlich. Das Innere ist breiig und enthält viel Flüssigkeit, die evtl. herausgepreßt werden muß.

Einige Personen berichteten, daß sie große Mengen dieser Flüssigkeit zu sich genommen hätten; manche geben an, ihnen sei übel geworden und sie hätten sich übergeben müssen.

Der Flüssigkeitsbrei einiger Barrel-Kakteen ist beinahe geschmacklos, in anderen Fällen jedoch sehr sauer oder bitter. Mit Sicherheit wäre es für einen Verdurstenden schwierig, ohne geeignete Ausrüstung einen Barrel-Kaktus zu öffnen. Und selbst wenn es ihm gelingt, besteht die Gefahr, daß er durch den Inhalt krank wird.

Wir haben nur sehr begrenzt mit Barrel-Kakteen experimentiert. Die von uns verwendeten waren nicht genießbar und eigneten sich nicht für Versuche in großem Maßstab. Nach unseren Erfahrungen ist es für einen durstigen Menschen eine erhebliche Anstrengung und ein fragwürdiger Kraftaufwand, an den Brei auch nur heranzukommen.

**8. Sonnen-Kondensator:** Der Sonnen-Kondensator ist ein beliebtes Thema aller Autoren von Überlebensbüchern. Nach unserer Erfahrung kommt es nur äußerst selten zu Situationen, in denen wir uns überhaupt überlegen würden, so etwas zu bauen.

Grundsätzlich besteht ein Sonnen-Kondensator aus einem Loch, das in den (vorzugsweise feuchten) Boden gegraben wird, und einer durchsichtigen Plastikfolie, die es auskleidet. Die Sonnenstrahlen erwärmen durch die Folie hindurch den Boden und die zwischen Folie und Untergrund liegende Luft. Das im Boden befindliche Wasser verdunstet, kondensiert an der Plane und läuft zu ihrem tiefsten Punkt, wo es in ein Gefäß (Konservendose, Feldflasche) tropft.

Der Apparat funktioniert am besten in der prallen Sonne; je feuchter der Untergrund, desto mehr Wasser wird man gewinnen können.

Verschiedene Probleme haben sich für uns im Zusammenhang mit dem Sonnen-Kondensator ergeben:

Erstens wird ein recht großes Loch (etwa einen Meter im Durchmesser und einen halben Meter tief) benötigt. Dieses zu graben braucht einige Zeit und viel Kraft. Wären wir sowieso schon in Schwierigkeiten gewesen, hätte die Anstrengung den Wasserverlust beschleunigt und zu einem Ansteigen der Körpertemperatur geführt. In einer realen Überlebenssituation hätte das den Tod bedeuten können.

Wenn das Loch erfolgreich ausgehoben worden ist, wird eine entsprechende Plastikfolie benötigt, die **unbeschädigt** sein muß. Selbst wenn der Kondensator schließlich funktioniert, dauert es Stunden, bis sich Wasser sammelt - manchmal nur sehr wenig. Die Ausbeute variiert von weniger als einem **halben Liter** (was den Aufwand kaum rechtfertigen würde) **bis zu zwei Litern** unter günstigen Bedingungen. Aber selbst dann würde man mehrere Konstruktionen gleichzeitig arbeiten lassen müssen, um den minimalen Wasserbedarf zu decken.

Wegen der beim Graben aufgewendeten Kraft, und weil sich die dünne Folie vielleicht nicht wiederverwenden ließe wäre man wahrscheinlich gezwungen, in der Nähe seiner Kondensatoren zu bleiben.

Notieren Sie sich, wie lange Sie brauchen, sowie den Aufwand und den Ertrag an Wasser. Vergessen Sie nicht, daß die Bedingungen **eines Notfalls schwieriger wären.** Versuchen Sie, das Loch mit einem Stück Holz oder etwas anderem, was Ihnen dann zur Verfügung stehen würde, zu graben. Entscheiden Sie anschließend selbst, ob es sich lohnt, das erforderliche Material mit sich herumzutragen.

Die Maße und Bauweise eines typischen Kondensators sind von den Umständen abhängig. Suchen Sie eine feuchte Stelle (z.B. in einem alten Flußbett), wo das Graben einfach ist. Heben Sie ein Loch von gut einem Meter Durchmesser und etwa 60 cm Tiefe aus, und stellen Sie ein geeignetes Auffanggefäß in die Mitte auf den Boden. Wenn möglich, legen Sie einen Schlauch vom Gefäß bis zum Rand der Grube, so daß Sie Wasser heraussaugen können, ohne das feuchte Kleinklima zu stören, das Sie erzeugen wollen. Breiten Sie eine Plastikfolie über dem Loch so aus, daß die Mitte über der Behälteröffnung hängt.

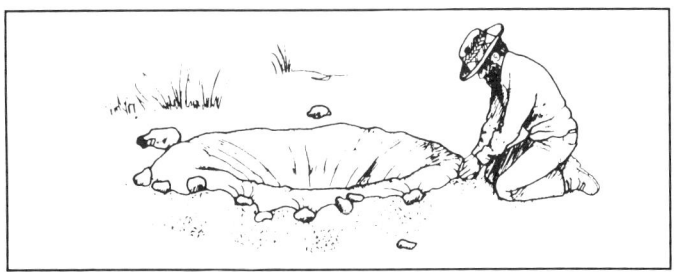

*Der Sonnen-Kondensator erzeugt zwar Wasser, aber wir empfehlen Ihnen, sich die notwendigen Materialien zu besorgen und in einer ungefährlichen Situation selbst einen zu bauen (vielleicht in Ihrem Garten oder im Camping-Urlaub). Wägen Sie die Ergebnisse ab, bevor Sie sich auf ihn als nützlichen Wasserspender in jeder Überlebenssituation in der Wüste verlassen.*

Eine etwas rauhe Oberfläche der Plane begünstigt die Tropfenbildung, von manchen Plastiksorten fallen die Tropfen jedoch schon herab, bevor sie zur Mitte gelaufen sind. Wenn eine Seite Ihrer Folie etwas rauh ist, kommt sie nach innen (unten). Legen Sie einen glatten, runden Stein in die Mitte der Plane, so daß eine Art Spitze direkt über der Öffnung des Auffangbehälters zustande kommt.

Vielleicht ist es notwenig, den Stein mit Blättern oder einem ähnlichen Material zu bedecken, da er sonst zu heiß werden und ein Loch in die Folie brennen könnte. Überprüfen Sie, ob die Plane den Untergrund nur am äußeren Rand der Grube berührt. Dieser Rand muß mit Sand oder Steinen vollständig verschlossen werden.

Wenn die Sonne scheint, sollte das Plastik bald beschlagen, da die Feuchtigkeit an der Innenseite kondensiert. Es wird jedoch wahrscheinlich einige Stunden dauern, bis der Apparat voll arbeitet.

Stören Sie den Kondensationsvorgang nun nicht mehr, wenn es nicht unbedingt notwendig ist. Er kann bis in die Nacht hinein weiterlaufen, funktioniert aber weitaus besser in direkter Sonne.

### Querschnitt durch einen "typischen" Sonnen-Kondensator

*Er hat ungefähr einen Meter Durchmesser und ist 60 cm tief. Ein Gummischlauch könnte noch vom Behälter (d) nach außen führen.*

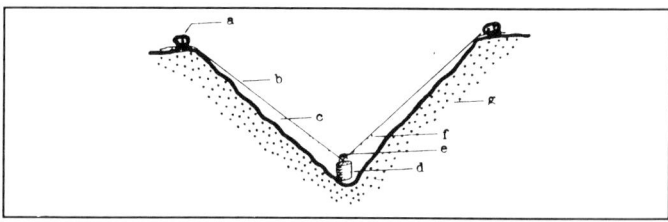

| | |
|---|---|
| a | Steine und Sand zur Beschwerung des Folienrandes |
| b | Dünne Plastikfolie |
| c | Zone hoher Luftfeuchtigkeit zwischen Sand und Folie |
| d | Behälter zum Auffangen des herabtropfenden Wassers |
| e | Glatter Stein zum Beschweren der Folie |
| f | Wassertropfen, die sich an der Unterseite der Folie sammeln |
| g | Feuchter Sand, Erde bzw. feuchte Pflanzenteile |

Es gibt verschiedene Abwandlungen dieses Grundtyps eines Kondensators. So können kleingeschnittene Pflanzenteile als zusätzliche Feuchtigkeitsspender hineingelegt werden. Dies würde natürlich einen zusätzlichen Aufwand bedeuten, was dem Grundsatz widerspricht, in einer Notsituation **jedes unnötige Schwitzen** zu vermeiden.

Es liegt in der Natur des Sonnen-Kondensators, daß man in seiner Nähe bleiben muß. Es sind einige Situationen denkbar (beispielsweise eine Notlandung mit dem Flugzeug in einer abgelegenen Gegend), in denen eine Einzelperson in der Lage wäre, mehrere Kondensatoren zu errichten und mit ihnen seinen Wasserbedarf zu decken.

Dabei unbedingt das Wasser mineralisieren (salzen); zur Not ergänzt etwas eingestreute Erde fehlende Mineralien. Schlangen und Eidechsen fallen vielleicht hinein und könnten theoretisch als Notnahrung dienen.

**9. Tau:** Tau wird kaum in nennenswerten Mengen Wasser liefern, jedoch sollte man in einer Überlebenssituation keine Möglichkeit außer Acht lassen. Tau sammelt sich am frühen Morgen an der Oberfläche von Felsen, Fahrzeugen oder des Flugzeugs.

Wenn Sie die Fläche in der Nacht reinigen, können Sie vielleicht Trinkwasser gewinnen, indem Sie einen Lappen als Schwamm verwenden und über einem Behälter auspressen.

**10. Regen:** Wenn Sie eine Regenfront auf sich zukommen sehen, spannen Sie Ihr Zelt, Ihr Ölzeug, Plane (alles Erdenkliche) so auf, daß Sie damit Regenwasser auffangen können. Stellen Sie Ihre leeren Feldflaschen und sonstigen Behälter auf, und tun Sie all das rechtzeitig, da ein Wüstenregen oft so schnell aufhört, wie er anfängt. Hinterher untersuchen Sie Auswaschungen, Vertiefungen im Fels und ähnliche Stellen auf Wasser.

**11. Ranches und Farmen:** Es ist schon vorgekommen, daß Verdurstende an bewohnten Häusern einfach vorbeimarschiert sind. Andererseits sollten Sie versuchen, mit dem Fernglas festzustellen, ob weit entfernt liegende Gebäude bewohnt sind: Die Häuser könnten schon seit Jahren verlassen sein, so daß Sie sich die Anstrengungen eines langen, möglicherweise vergeblichen Marsches dorthin ersparen könnnen.

**12. Vorratslager:** Für den Querfeldein-Wanderer auf einer ausgedehnten Tour kann es eine zufriedenstellende Methode sein, die Versorgung mit Wasser durch vorher selbst angelegte **Depots** sicherzustellen. Verlassen Sie sich jedoch niemals vollständig auf solche Vorratslager, da Sie sie evtl. nicht wiederfinden, sich für eine andere Route entschieden haben, Nagetiere oder Menschen sich inzwischen über sie hergemacht haben.

☺    Alles gut und geruchfrei verpacken; evtl. in einen Baum hängen. Brief mit einer Erklärung in der Landessprache beilegen. Nur brennbares Verpackungsmaterial verwenden und nur gut wiedererkennbare Stellen als Depot verwenden.

Glasbehälter sind für Depots gut geeignet, da sie von Nagern nicht zerfressen werden können. Zeichnen Sie eine Karte mit den genauen Positionen, und tarnen Sie die Depots, um sie den Blicken Neugieriger zu entziehen. Ein zusätzlicher Vorteil der Anlegung solcher Lager ist, daß Sie sich mit dem Gelände vertraut machen können, bevor Sie mit der eigentlichen Wanderung beginnen. Jene Hartgesottenen, die im Death Valley wandern oder ähnlich anstrengende Touren unternehmen, legen oft Depots an.

Eine andere Möglichkeit, Ihre Wasservorräte aufzufüllen, wäre es, sich mit jemanden an vorher festgelegten Punkten auf Ihrer Strecke zu treffen. So wäre auch sichergestellt, daß eine Suche nach Ihnen begonnen wird, wenn Sie zur festgesetzten Zeit nicht eintreffen.

**13. Wildwechsel und Pfade von Weidevieh:** Sowohl Wild- als auch Haustiere brauchen regelmäßig Wasser, und es ist dem erfahrenen Beobachter manchmal möglich, ihre Spuren bis zur Tränke zu verfolgen.

Weidevieh sucht seine Tränken morgens und abends auf. Da es sich langsamer und offensichtlicher bewegt als das Wild, ist es dem Wanderer einigermaßen leicht möglich, den Tieren (oder ihrer Staubwolke) bis zu dem Wasservorkommen zu folgen, vor allem abends.

Es ist wichtig festzustellen, **ob sie sich auf dem Hinweg oder schon auf dem Rückweg befinden!** Versuchen Sie, die Tiere aus einiger Entfernung zu beobachten, um ihr normales Verhalten nicht zu stören. Studieren Sie die Spuren, um die Zugrichtung herauszufinden.

Ein einfühlsamer und erfolgversprechender Weg ist die Beobachtung der Wild- oder Weidetiere aus der Entfernung am frühen Morgen oder späten Nachmittag, um festzustellen, welche Richtung sie einschlagen.

**14. Vögel:** Vögel fliegen zu bestimmten Zeiten dem Wasser zu; wegen ihrer großen Beweglichkeit und der Entfernungen, die sie in kurzer Zeit zurücklegen, wird man ihnen aber nicht so leicht folgen können. Dennoch sollten Sie auf die generelle Flugrichtung besonders morgens und abends achten.

Dann und wann kann Wasser auch auf andere Art und Weise an anderen Stellen gefunden werden. Planung und Vorbereitung durch **Mitnahme ausreichender Mengen** ist jedoch die beste Garantie.

Unterwegs Wasser zu finden, ist besonders in Notsituationen in vielen Wüstengebieten schwierig oder sogar unmöglich. Bedenken Sie, daß ein Mensch nach großen Wasserverlusten nicht mehr so klar denkt und sich nicht so leicht fortbewegt wie im Alltagsleben.

Wenn Sie sich entschließen, ein mögliches Wasservorkommen aufzusuchen, müssen Sie die **Wahrscheinlichkeit,** dort wirklich Wasser zu finden, gegen den erforderlichen Aufwand, weiteren Wasserverlust, Ihren Zustand, Aufenthaltsort usw. **abwägen.**

Nur Sie können entscheiden, ob es **sinnvoll** ist, z.B. einen steilen Berg zu erklettern, um ein grünes Pflanzendickicht auf Wasser zu untersuchen. Erfahrung wird Ihr bester Lehrmeister sein. Kein Buch kann eine Patentlösung für alle denkbaren Fälle bieten.

## Behandlung von Trinkwasser

Wir behandeln fast jedes Wasser, das wir unterwegs aufnehmen, auch solches aus Quellen oder fließenden Bächen. Bakterielle Verseuchung kann durch menschliche Siedlungen flußaufwärts, durch Wildtiere oder auf andere Weise zustande kommen. Die einzige Ausnahme wäre eine Notsituation, in der die **Wasseraufnahme wichtiger** wäre als die möglichen Folgen einer Infektion.

Es gibt grundsätzlich zwei Methoden der Desinfektion im Freien. Die eine ist das **Kochen für mindestens 10 Minuten.** Sie ist im allgemeinen ungeeignet, da ein Feuer gemacht (in großer Hitze unangebracht) sowie Brennstoff gesammelt werden müßte (zusätzliche Anstrengung) und man auf das Abkühlen des Wassers zu warten hätte (wodurch wertvolle Zeit verloren ginge).

Die von uns verwendete Methode ist die Zugabe von Desinfektionstabletten,-pulver oder -tropfen (z.B. Certisil, Micropur), die in Apotheken und Ausrüstungs-Fachgeschäften erhältlich sind.

Befolgen Sie die Gebrauchsanweisung und versuchen Sie nicht, die erforderliche Wirkzeit **abzukürzen.** Einige Chemikalien (nicht jedoch Certisil oder Micropur) geben dem Wasser manchmal einen Beigeschmack, der durch Schütteln oder zeitweises Stehenlassen in der offenen Flasche gemindert werden kann.

☺ Wir nehmen gerne Brausepulver oder etwas Ähnliches mit, um behandeltes Wasser schmackhafter zu machen. Wenn abzusehen ist, daß wir mit unserem Wasser nicht auskommen, und wir finden eine (wenn auch fragwürdige) Gelegenheit zum Auffüllen, nehmen wir diese sofort wahr und fügen Tabletten zu. Sollten wir dieses Wasser später benötigen, ist es bereits desinfiziert.

Bewährt haben sich auch Wasserfilter, die es in verschiedenen Größen für jeden Bedarf gibt (sogar als Taschenfilter, z.B. Katadyn oder Trav-L-Pure).

## Schlechtes Wasser

In der Vergangenheit konnte ein gestrandeter Autofahrer seinen Kühler leeren und so zu trinkbarem, wenn auch etwas rostigem Wasser kommen. Heutzutage würden wir es nicht riskieren, das Kühlerwasser zu trinken, da Kühlmittel, Rosthemmer und andere Zusätze eine **tödliche Mischung** ergeben könnten.

Der Begriff "schlechtes Wasser" erinnert uns an einen Ort im Death Valley gleichen Namens, der etwa 80 Meter unter dem Meeresspiegel liegt. Die Temperaturen sind dort sehr hoch, und in den flachen Teichen der Umgebung befindet sich ein stark mineralisches Wasser, in dem zwar einige Algen- und Insektenarten leben, das aber nicht trinkbar ist.

Wir haben keine persönlichen Erfahrungen mit giftigem Wasser, und es ist nicht leicht, solches mit Sicherheit zu bestimmen. Wir würden aber grundsätzlich nie aus einem Vorkommen trinken, in dem keine Algen und keine Insekten leben. Suchen Sie an den Rändern nach mineralischen Verkrustungen, die auf alkalische Bestandteile hinweisen könnten.

Wenn solches Wasser nicht im herkömmlichen Sinne giftig sein muß, kann es doch **Magenbeschwerden** oder auch Durchfall verursachen, was für einen Verdurstenden **extrem gefährlich** wäre.

Warnschilder haben die Angewohnheit zu verschwinden. Stellen Sie fest, ob die Quelle auch von Tieren benutzt wurde. Auch das ist keine narrensichere Methode, aber auch sie hilft, wenigstens einige fragwürdige Vorkommen auszuschließen.

Wenn Sie irgendwelche Zweifel hegen und anderes Wasser zur Verfügung steht, ist es am besten, die fragwürdige Quelle links liegen zu lassen. Gegebenenfalls kann dieses Wasser aber zur Befeuchtung der Kleidung und damit zur Lenkung der eigenen Verdunstungsmenge dienen - oder es wird über den Umweg durch den Sonnen-Kondensator trinkbar gemacht.

✋ Versuchen Sie nicht, Ihr Trinkwasser mit Salzwasser zu strecken. Der Körper verbraucht zusätzliches Süßwasser, um das Salz wieder auszuscheiden.

# 2. Hitze

Temperatur wird üblicherweise in Grad Celsius (inzwischen seltener in Grad Fahrenheit) angegeben und kann den menschlichen Körper schwerwiegend beeinflussen. Wie schon gesagt, funktioniert er am besten bei einer Eigentemperatur von etwa 37°, und schon eine geringfügige Abweichung (nur zwei bis drei Grad!) von diesem Wert kann zu ernsten Problemen führen.

Bei niedrigen Umgebungstemperaturen kann Wärme ein Verbündeter sein, in der Wüste wird sie zum tödlichen Gegner. Die Auswirkungen der Hitze treten oft im Zusammenhang mit Wassermangel, unzureichender Aufnahme von Salzen, direkter Einwirkung von Sonne und Wind, Anstrengung und sonstigen Belastungen auf.

Wenn Sie an einem heißen Sommertag zum ersten Mal in einem Wüstengebiet aus dem Flugzeug steigen, meinen Sie, in einen Hochofen zu kommen. Je länger Sie in der Wüste leben, desto weniger nehmen Sie die Temperaturen wahr. Dennoch hat die Hitze auf den Neuling die gleiche, möglicherweise tödliche Wirkung wie auf den Eingeborenen.

Death Valley ist regelmäßig für einen Teil des Jahres einer der heißesten Gebiete der Erde. Es ist eine echte Wüste in ihrer reinsten Form: klirrend kalt im Winter und glühend heiß im Sommer. Teile des Tals liegen unter dem Meeresspiegel.
Um Ihnen eine Vorstellung von den dort im Sommer herrschenden Temperaturen zu geben, haben wir hier eine Tabelle der niedrigsten und höchsten Temperaturen während einer Woche Ende Juni 1973 (die allerdings auch für dortige Verhältnisse sehr heiß war) aufgenommen.

| Beispiel von Temperaturen im Death Valley | | |
|---|---|---|
| | Minimum | Maximum |
| 25. Juni | | 47,8° |
| 26. | 30,6° | 50,6° |
| 27. | 36,7° | 51,7° |
| 28. | 32,2° | 50,0° |
| 29. | 34,4° | 49,5° |
| 30. | 33,9° | 47,8° |
| 1. Juli | 31,1° | 44,5° |

Beachten Sie, daß auch die niedrigsten Temperaturen sehr hoch liegen. In keinem Moment während dieses Zeitraums wäre eine anstrengende Beschäftigung empfehlenswert gewesen.

Bedenkt man, daß zur hohen Lufttemperatur noch die direkte Sonneneinwirkung und die Aufheizung des Bodens hinzukommen, kann man die gewaltige Belastung für den menschlichen Körper ermessen.

Überraschend wenige Menschen sind im Death Valley durch Hitze, Sonne und Wassermangel ums Leben gekommen, obwohl Tausende von Urlaubern jährlich in dieses Gebiet strömen.

Die meisten Touristen verlassen die asphaltierten Straßen und befestigten Wege allerdings nicht - denn offenbar mahnen Namen wie "Tal des Todes" und "Begräbnisberge" die meisten zur Vorsicht.

Die Straßen werden ständig von Rangern patrouilliert, und die meisten Leute beachten die Warnungen und Ratschläge, die auf Schrifttafeln, Schildern und in Broschüren gegeben werden.

Selbst an einem eng begrenzten Ort können erhebliche Temperaturunterschiede auftreten. Die Differenz zwischen einer Messung im Schatten und einer in der Sonne ist gewaltig. In einem Meter Tiefe in einem Kaninchenbau können beispielsweise angenehme 22° herrschen, während der Boden an der Oberfläche zum Anfassen zu heiß ist.

Nur wenige Zentimeter über dem Erdboden ist es oft viele Grade kühler als direkt auf der Oberfläche. Wenn Sie sich also aus irgendeinem Grund irgendwo längere Zeit aufhalten müssen, versuchen Sie wenigstens, nicht direkt auf dem Boden zu sitzen, sondern auf einem Ast, einem Stein, einem Haufen Geröll im Schatten o. ä.

☺    Wenn die Luft heiß ist, halten Sie sich möglichst im Schatten auf und vermeiden Sie bei Wassermangel auch, dem Wind ausgesetzt zu sein.

Besorgen Sie sich ein Thermometer (im Metall- oder Plastikbehälter), und nehmen Sie es mit auf Ihre nächste Tour. Stellen Sie durch Probieren fest, wo die **kühlsten Plätze** sind.

Große Felsmassen strahlen eine Menge Wärme ab, die Sie in einer Überlebenssituation in der Wüste nicht auch noch würden aufnehmen wollen.

Wenn Sie sich schwach zu fühlen beginnen und glauben, zusammenzubrechen, begeben Sie sich sobald wie möglich **in den Schatten.** Bringen Sie auch jedes Opfer sofort in den Schatten und weg vom heißen Boden. Eine mögliche Gefahr des Alleinwanderns ist, ohnmächtig in der Sonne auf heißem Boden liegenzubleiben. Trifft keine Hilfe ein, würde man wahrscheinlich dort sterben.

Die meisten Menschen können selbst extrem hohe Lufttemperaturen für eine kurze Zeit durchaus vertragen. Es hat sich gezeigt, daß Gewöhnung (Akklimatisierung) die auftretenden Probleme vermindern hilft. Die richtige Marschgeschwindigkeit, Erfahrung, zweckmäßige Kleidung, Beschränkung aller Aktivitäten auf die kühleren Tageszeiten, Vermeidung von Belastungen, ausreichende Wasser- und Salzaufnahme, Planung und Vorbereitung helfen, alle Probleme in heißen Trockengebieten zu reduzieren.

Über die **Höchst- und Tiefsttemperaturen** einer Gegend sollte man sich Gedanken machen, wenn man eine Tour in die Wüste plant. Wir führen nachfolgend die Werte für zwei Gegenden auf. Death Valley liegt teilweise unter dem Meeresspiegel, Tucson (Arizona) gut 600 m über Normal-Null. Death Valley liegt in der Mohave-Wüste, Tucson in der Wüste von Sonora:

| Tabelle der Höchst- und Tiefsttemperaturen | | | |
|---|---|---|---|
| | Death Valley | | Tucson |
| Januar | 30,6° | -9,4° | 30,6° | -8,9° |
| Februar | 32,8° | -2,8° | 33,3° | 6,7° |
| März | 38,3° | -1,1° | 33,3° | -6,7° |
| April | 42,8° | 1,7° | 38,9° | -1,1° |
| Mai | 48,9° | 5,6° | 41,7° | 3,3° |
| Juni | 51,7° | 9,4° | 43,9° | 8,3° |
| Juli | 52,2° | 11,1° | 43,9° | 17,2° |
| August | 48,9° | 18,3° | 42,8° | 16,1° |
| September | 43,3° | 5,0° | 41,7° | 6,7° |
| Oktober | 36,1° | 0,0° | 38,3° | -3,3° |
| November | 30,0° | -4,4° | 32,2° | -4,4° |
| Dezember | 29,4° | -7,2° | 28,9° | -8,9° |

Wenn diese Zahlen auch erst einmal eher "interessant" als informativ erscheinen mögen, soll doch auf einige Punkte hingewiesen werden. Beachten Sie, daß die sehr hohen Temperaturen nicht ausschließlich im Sommer auftreten. Sogar im März und Oktober kann das Thermometer auf über 37° steigen. Die tiefsten Temperaturen zeigen, daß selbst die tiefgelegene Wüsten bitterkalt sein kann, besonders bei Wind (☞ Kapitel 6).

✳   **Hohe Bodentemperaturen** können zu einem Problem für Wanderer werden. Selbst für den, der an sich gut ausgerüstet ist, können sie unerträglich werden, indem Blasen und andere Fußbeschwerden auftreten. Darüberhinaus können sie eine vermehrte Wärmeaufnahme des Körpers verursachen. Temperaturen am Boden sind oft 15° höher als die im Schatten gemessenen. In manchen Gegenden sind Unterschiede von 30 oder gar 35° nicht selten.

Das Personal des Death-Valley-Nationalparks hat einige erstaunliche Bodentemperaturen gemessen: 1974 waren es einmal 85°, 1975 sogar 83° und 1972 kamen 94° Celsius zustande!

Eingedenk solcher Zahlen sollten Sie gut überlegen, was Sie Ihren **Schuhen in Sachen Isolierung** zutrauen, abgesehen von so grundsätzlichen Kriterien wie Griffigkeit, Haltbarkeit (Lösen von Kleber durch große Hitze!), Gewicht und Bequemlichkeit.

Bei warmem oder heißem Wetter muß es der Wüstenreisende vermeiden, seine Haut direkt den Sonnenstrahlen auszusetzen. Ultraviolette Strahlen verursachen Verbrennungen und langfristig wohl auch Hautkrebs. Wenn die Haut der Sonne ausgesetzt ist, nimmt der Körper in großem Umfang Wärme auf. Dies kann zusammen mit anderen Faktoren wie Wasserverlust, Anstrengung, Krankheit usw. zu einer tödlichen Mischung werden.

Diese einzelnen Punkte behandeln wir im Detail später. Beachten Sie aber, daß die Schwierigkeiten meist nicht monokausal, sondern durch mehrere kombinierte Faktoren entstehen. Wüstenluft ist oft sehr klar, so daß die **Sonnenstrahlung intensiver** ist, als Sie es gewohnt sind. Der Wüstenboden ist in manchen Gegenden sehr hell und reflektiert zusätzliche Strahlung auf den Körper.

## Sonnenbrand

Ein Sonnenbrand kann in der Wüste sehr schnell auftreten. Sonnenbrände beeinträchtigen die Funktion der Schweißdrüsen. Dadurch kann die Körpertemperatur eines Menschen in einer Überlebenssituation, vielleicht nach großen Wasserverlusten und bei hoher Umgebungstemperatur schnell die tödliche Grenze übersteigen. Jede entblößte Hautstelle kann die Hitze der Sonnenstrahlung aufnehmen, doch von zentraler Bedeutung ist der **Nacken**. Die Hauptblutgefäße zum Gehirn verlaufen hier, so daß das zum Gehirn fließende Blut hier am schnellsten erwärmt werden kann.

**Schützen Sie Ihren Nacken immer vor der direkten Sonne,** ein Halstuch oder ein Hut mit breiter Krempe leistet hier gute Dienste. Sonst wickeln Sie sich ein Reserve-Hemd um den Hals. Die Bekleidung für eine Wüstentour wird weiter unten beschrieben.

Auf jeden Fall sollten Sie ein **Hemd mit langen Ärmeln, eine lange Hose und einen Hut** tragen. Die typischen wallenden Gewänder der Araber (die unpraktisch und heiß wirken) sind aus der Notwendigkeit entstanden, die Haut möglichst vollständig gegen die Sonne zu schützen.

## Sonnenblindheit

Sonnenblindheit ist in Wüstenregionen nicht sehr häufig, kann aber auftreten, wenn Sie Ihre Augen zu lange ungeschützt dem Sonnenlicht aussetzen. Wenn sie auftritt, ist sie sehr ernst zu nehmen. Eine Sonnenbrille vermindert das Gleißen der Sonne, und auch normale Brillen bieten einen gewissen Schutz gegen verwehenden Sand und stachelige Zweige.

*Einfacher Sonnenschutz mit Klebestreifen*

Sonnenblindheit tritt am ehesten auf einem Salzsee oder in einer Gegend mit sehr hellem Boden auf. Eventuell kann das Opfer ein bis zwei Tage nicht weitermarschieren.

Gegen übermäßiges Blenden der Sonne helfen eine dunkle Sonnenbrille und ein breitkrempiger Hut. Selbst aus einer Sehbrille kann ein provisorischer Sonnenschutz hergestellt werden, indem mit Klebestreifen die Gläser mit Ausnahme eines schmalen Schlitzes abgedeckt werden. Dieser Schlitz muß in der richtigen Höhe gelassen werden, damit der Träger der Brille ohne Anstrengung geradeaus hindurchsehen kann. Das Klebeband kann darüberhinaus am Gestell als seitlicher Schirm angebracht werden.

Papp- oder Plastikstücke können ebenfalls für eine Behelfssonnenbrille verwendet werden. Nachdem die Schlitze hineingeschnitten wurden, bindet man sie mit einem Faden, Schuhband o.ä., zusammen. Selbst ein einigermaßen dünnes T-Shirt kann, über dem Kopf getragen, Schutz gewähren.

**✳ Verlegen Sie Ihre Aktivitäten auf günstigere Tageszeiten.**
Durch Schutz von Haut und Augen vermeidet der erfahrene Wüstenreisende viele Probleme, die dem Neuling zu schaffen machen.

# 4. Problempunkte

## Wassermangel und Hitze

**Erste Hilfe** ist nicht Thema dieses Buches. Wir möchten Sie lediglich auf eine möglichst große Zahl von Notsituationen aufmerksam machen, die in der Wüste auftreten können. Eine der besten Waffen im Kampf ums Überleben ist eine **gründliche Kenntnis der Ersten Hilfe** einschließlich der Fähigkeit, richtige Diagnosen zu stellen und einige Symptome behandeln zu können.

Es folgen einige kurze Beschreibungen medizinischer Probleme, die jedoch nicht ausführlich genug für eine sichere Diagnose sind - und es auch nicht sein sollen. Vielmehr sollen sie nur auf mögliche Probleme hinweisen.

☺ Wir empfehlen dringend, daß Sie sich durch Kurse des Roten Kreuzes oder ähnlicher Organisationen ausreichende Kenntnisse der Ersten Hilfe aneignen.

Versuchen Sie, medizinische Probleme zu erkennen, bevor es ernst wird. Besser noch wäre es, sie durch überlegtes Handeln und vorsichtiges Planen ganz zu vermeiden.

☺ Über die Grundlagen der Ersten Hilfe hinaus sollte jeder Wüstenfahrer und -wanderer mit Sonnenblindheit, Sonnenbrand, Schlangenbissen, Stichen giftiger Insekten, Erschöpfungszuständen und Krämpfen (durch Hitze und Hitzschlag verursacht) umgehen können.

**Der menschliche Körper** besteht aus Milliarden winziger Zellen, die nur unter ganz bestimmten Temperaturen und in einem empfindlichen chemischen Gleichgewicht existieren können. Sie alle sind auf Zusammenarbeit angewiesen und können durch übermäßige Hitze, Kälte, Sonnenstrahlung, bestimmte Anstrengungen, Wasser- oder Salzmangel aus diesem Gleichgewicht gebracht werden.

Der Homo sapiens bewohnt zwar die unterschiedlichsten Gegenden von der Arktis bis zu dampfenden Dschungeln und glühenden Wüsten, doch paßt er sich durch Kleidung, Wohnung, Heizungen oder Klimaanlagen an die Temperaturen an.

✱ **Die wichtigste Kühlmethode des Körpers ist das Schwitzen.** Wenn es heiß ist oder die Körpertemperatur durch Anstrengung steigt, sammelt sich Blut in Gefäßen dicht unter der Hautoberfläche. Das wärmere Blut wird dorthin gebracht, wo durch die Verdunstung von Schweiß Wärme an die Luft abgegeben werden kann.

Entsprechend wird allerdings auch die im Körperinneren vorhandene Menge Blut verringert. Die Versorgung lebenswichtiger Organe und Muskeln mit Nährstoffen, Sauerstoff und der Abtransport von Abfallprodukten werden beeinträchtigt.

Ein stark schwitzender Mensch in einer heißen Umgebung fühlt sich müde und schlapp. Er ist insgesamt weniger leistungsfähig. Wegen der geringeren Blutmenge im Körperkern und wegen der Erweiterung der Hautgefäße nimmt der Blutdruck ab - das Herz muß kräftiger pumpen. Dies stellt eine zusätzliche Belastung dar, die zu einer insgesamt schon ungünstigen Zeit auftreten könnte, z.B. wenn Sie die Orientierung verloren haben. So wird verständlich, warum manche Menschen in der heißen Wüste sehr plötzlich in Schwierigkeiten geraten.

Wasserverlust tritt auf, wenn durch zu geringe Aufnahme von Trinkwasser (in manchen Fällen auch von Salzen) die Verluste durch Schweißabsonderung nicht ausgeglichen werden. Bei jeder Anstrengung verliert Ihr Körper Wasser durch Schwitzen. Dies ist normal, vorausgesetzt, daß die Verluste nicht übermäßig sind und bald wieder ausgeglichen werden. Durch einfachen Durst infolge leichten Wasserverlusts wird Ihnen die Freude an der Tour genommen.

✱ **Wassermangel hat viele Symptome:** Durst ist eines, doch nicht immer ein zuverlässiges. Nach einiger Zeit wird der Mund außergewöhnlich trocken, das Sprechen undeutlich und langsam. Ebenfalls können Müdigkeit, Trägheit, Muskelschwäche auftreten. Das Schritttempo und sonstige Bewegungen verlangsamen sich. Der Urin färbt sich dunkel, Kopfschmerzen und Schwindelgefühl sind häufig. Es gibt noch mehr Symptome, die von der Person, den Umständen und dem Ausmaß des Wassermangels abhängig sind.

✍ Wasserverluste können längere Zeit unbemerkt bleiben, zumal sie das Urteilsvermögen herabsetzen, je größer sie werden. Ist kein Wasser zum Ausgleichen vorhanden, sind auch Ihre Chancen geringer, mit der Situation fertig zu werden.

✱ **Vorbeugung** ist der beste Weg zur Vermeidung von Wassermangel. Warten Sie nicht ab, bis die geschilderten Symptome auftreten. Trinken Sie reichlich und regelmäßig - aber nicht übermäßig. Essen Sie gut und nehmen Sie ausreichend Salze zu sich. Vermeiden Sie Anstrengungen, bei denen Sie unmäßig schwitzen würden.

## Hitzekrämpfe

Hitzekrämpfe werden oft durch die Salzverluste des Körpers ausgelöst, also besonders nach längerem starken Schwitzen ohne ausreichenden Wasser- und Salznachschub. Salze erhalten die wichtigen chemischen Gleichgewichte im Körper. Hitzekrämpfe treten sowohl in sehr trockenen Klimaten als auch in hoher Luftfeuchtigkeit auf.

🖐 Obwohl der Salzmangel langsam zustande kommt, überfallen **Hitzekrämpfe ihr Opfer ohne Vorwarnung.** Es handelt sich um schmerzhafte Krampfzustände in verschiedenen Muskeln. Die Haut ist feucht-blaß.

Es soll noch einmal betont werden, daß allein der Ausgleich von Wasserverlusten nicht vor Hitzekrämpfen schützt. Vielmehr muß sichergestellt sein, daß der Körper auch die notwendigen **Salze** zugeführt bekommt.

Als Behandlung trinke man 1 Liter Salzwasser (2 gestr. Teelöffel Kochsalz auf einen Liter Wasser). Danach sollte der Betroffene sich gründlich ausruhen und mindestens für ein paar Tage Anstrengungen meiden.

Wir nehmen an heißen Tagen ab und zu eine Salztablette ein und knabbern unterwegs Salzgebäck oder ähnliches. Planen Sie Kartoffelchips, Brezeln, gesalzene Erdnüsse usw. als Knabberzeug mit ein, und salzen Sie Ihre Speisen stärker als gewöhnlich. Einige Wüstenreisende nehmen Salztabletten prinzipiell ein, andere tun es nie.

Untersuchungen haben bewiesen, daß die Salzverluste bei schwerer Arbeit in der Wüste durch die normale Ernährung nicht ausgeglichen werden.

✱ **Um Hitzekrämpfe zu vermeiden, ist ein zusätzlicher Salznachschub für den Körper erforderlich.** Magenbeschwerden werden vermieden, indem man die Tabletten **in Wasser auflöst** oder mit der Nahrung einnimmt (Erste-Hilfe-Ausrüstung).

Der Salzbedarf ist individuell unterschiedlich und von den Umständen abhängig. Fragen Sie Ihren Arzt um Rat, und führen Sie Buch über Ihren persönlichen Bedarf. Auf den Packungen der Tabletten werden Empfehlungen für die Dosierung gegeben.

Wenn nicht gleichzeitig ausreichend Wasser getrunken wird, kann Salz die Wasserverluste noch beschleunigen. Nehmen Sie niemals Salz zu sich, wenn Sie nicht genug Wasser haben!

Wir haben einige der Fertiggetränke ausprobiert, die vom Handel speziell für Sportler angeboten werden. Nach unseren Erfahrungen beugen sie in der Wüste der Ermüdung vor, und wir nehmen immer ein oder zwei Feldflaschen davon mit, ohne deshalb auf einen Wasservorrat zu verzichten.

☺ Mineraldrink in Pulverform mitnehmen.

# Erschöpfung

Wie vorher erwähnt, sammelt sich bei Anstrengung und Belastung Blut nahe der Hautoberfläche. Wenn dadurch die inneren Organe und die Muskeln nur noch mangelhaft mit Blut versorgt werden, kann es zu Erschöpfungszuständen kommen. Hitzekrämpfe, allgemeine Schwäche und **feuchte Haut** (im Gegensatz zur trockenen Haut bei einem Hitzschlag) treten auf. **Die Haut wirkt blaß** (sie ist nicht gerötet wie bei einem Hitzschlag und beim Anfassen nicht "heiß"). Die Körpertemperatur ist etwa normal.

✱ **Ein Erschöpfungszustand ist ernstzunehmen.** Nach der Ersten Hilfe sollte ein Arzt aufgesucht werden. Wie die anderen Probleme im Zusammenhang mit Sonne, Hitze und Wasserverlust kann die Erschöpfung durch ausreichendes Trinken, Salzzufuhr und Vermeidung übermäßiger Anstrengung bei Hitze im allgemeinen verhindert werden.

# Hitzschlag

Während alle hier angesprochenen Probleme ernster Natur sind, ist der **Hitzschlag eine Frage von Leben oder Tod.** Ein sicheres

Erkennen und sofortige Hilfe sind unbedingt erforderlich. Bei einem Hitzschlag steigt die Körpertemperatur schnell auf oder über 40°, da die Kühlung durch Schweiß nicht mehr funktioniert. Die Krankheitszeichen sind weiterhin: Kopfschmerzen, Schwächegefühl, Schwindel, Leibschmerzen und Erbrechen.

Die **Haut ist hochrot, trocken und heiß;** die Atmung und der Puls sind beschleunigt. Das Fieber ist hoch, evtl. gibt es Erregungszustände und Krämpfe. Es kommt sehr schnell zu Bewußtlosigkeit. Die Hilfe eines Arztes ist **dringend erforderlich.**

☺ Vermeiden Sie Aufregung und Anstrengung; geben Sie an einem schattigen Ort nasse, kalte Umschläge, besonders um Kopf und Nacken. Ist der Betroffene bei gutem Bewußtsein, lassen Sie ihn möglichst kalte Getränke (mit Salz) trinken.

## Sonnenstich
Er entsteht durch direkte Sonneneinstrahlung auf den ungeschützten Kopf. Die Krankheitszeichen sind Kopfschmerzen, Schwindel, Brechreiz, Atmungs- und Pulsbeschleunigung sowie nachts Unruhe. Evtl. gibt es auch hier Krämpfe und Bewußtlosigkeit.

Die Behandlung ist die wie bei dem Hitzschlag. Geben Sie dem Opfer 1 - 2 Tage Liegeruhe.

Nehmen Sie hitzebedingte Probleme nicht auf die leichte Schulter. Überlegte und schnelle Maßnahmen sind in jedem Fall erforderlich. Glücklicherweise können diese Probleme meist vermieden werden. Entsprechend geraten auch in der Mehrzahl der Fälle diejenigen in Schwierigkeiten, die sich nicht ausreichend vorbereitet haben.

## Vermeidung von Problemen im Zusammenhang mit Sonne, Hitze und Wasserverlust
Wenn Sie Erfahrungen über das Verhalten in der Wüste gesammelt haben, werden Sie zu den folgenden Punkten zweifellos noch einige hinzufügen können. Die beschriebenen Techniken sollen Ihnen helfen, sich gegen das Entstehen von Notsituationen zu schützen oder eine Katastrophe abzuwenden.

**1. Vermeiden Sie Anstrengungen in den heißen Jahreszeiten:**
Persönlich sehen wir einen Tag mit Temperaturen über 30° als heiß

an, aber das ist Geschmacksache. Brechen Sie bei heißem Wetter möglichst nicht auf. Im Death Valley hat es eine Periode von 126 aufeinanderfolgenden Tagen gegeben, an denen das Thermometer mindestens auf 35° kletterte.

Warten Sie mit einer längeren Tour bis zum Herbst, Winter oder Frühjahr. Seien Sie sich aber darüber im klaren, daß hitzebedingte Probleme auch bei weniger als 30° auftreten können, obwohl das Risiko natürlich geringer ist.

**2. Beschränken Sie Ihre Aktivitäten auf die kühleren Zeiten des Tages:** Auch wenn wir Ihnen grundsätzlich davon abraten, an heißen Tagen in die Wüste zu gehen, müssen wir doch gestehen, daß wir es selbst regelmäßig trotzdem tun. Allerdings beschränken wir uns auf kurze Strecken, gehen vor Sonnenaufgang los und versuchen, bis Mittag wieder zurück zu sein.

Ganz abgesehen davon, daß es sich um die kühlere Tageszeit handelt, sind dann auch noch viele Wildtiere unterwegs und manche Blüten zu sehen, die sich im weiteren Verlauf des Tages wieder schließen. Die durch den frühen Aufbruch gewonnene Stunde bedeutet einen zusätzlichen Gewinn an Tageslicht in einem Notfall.

**3. Gehen Sie langsam und tragen Sie nicht zuviel:** Viel zu häufig scheinen Reiter, Autofahrer oder Wanderer nur daran interessiert zu sein, möglichst weit zu kommen, anstatt sich Zeit zu nehmen. Machen Sie oft Pausen, sehen Sie sich die Landschaft an, und zwingen Sie sich nie zu etwas. Wenn Sie eine Gruppe anführen, halten Sie ein für alle angenehmes Schrittempo ein.

Wir haben Leute erlebt, die schleppten mehr Gepäck mit sich herum, als sie je brauchen würden. Merken Sie sich jedesmal, was Sie wirklich von Ihrer Ausrüstung benutzt haben. So werden Sie schnell die Dinge herausfinden, die Sie nur zu bestimmten Unternehmungen oder gar nicht mehr mitnehmen sollten.

Wir haben auch schon von solchen Menschen gehört, die im Sinne der "Gewichtseinsparung" den Griff ihrer Zahnbürste verkürzten oder die Ränder ihrer Landkarten abschnitten. Jeder kann hier für sich selbst entscheiden, wie weit er gehen will. Vergessen Sie aber nicht, daß mit dem Gewicht des Gepäcks auch die körperliche Belastung und letztendlich die Wärmeproduktion zunimmt.

**4. Tragen Sie zweckmäßige Kleidung:** In mehreren Fällen (die wir bei der Erarbeitung dieses Buches untersucht haben) zogen die

Opfer ihre Hemden aus, weil ihnen heiß war. So war ihre Haut direkt der Sonne ausgesetzt, und ihr Körper nahm mehr Wärme auf, als er verkraften konnte. Im Kapitel 5 gehen wir auf die Frage einer zweckmäßigen Wüstenkleidung näher ein. Widerstehen Sie der Versuchung, auf einer Wanderung braun werden zu wollen.

**5. Rauchen beschleunigt den Wasserverlust:** In einer Überlebenssituation sollten Sie nicht rauchen; es beschleunigt den Wasserverlust und vermindert die Ausdauer. Wenn es auch nebensächlich erscheint, könnte es doch gerade gewichtig genug sein, die Waage zu Ihren Gunsten oder aber Ungunsten ausschlagen zu lassen.

**6. Halten Sie Ihren Mund geschlossen, und vermeiden Sie unnötige Gespräche:** Auch wenn das Sprechen unter normalen Umständen nicht wesentlich zum Wasserverlust beiträgt, sollte in einer kritischen Lage alles berücksichtigt werden, was Sie zur Verbesserung Ihrer Chancen tun (oder unterlassen) könnten. Rufen und sprechen Sie nicht unnötig, und atmen Sie durch die Nase.

**7. Essen Sie nicht, wenn kein Wasser verfügbar ist:** Essen würde den Wasserverlust nur beschleunigen, wenn keine Gelegenheit zum Trinken vorhanden ist. Warten Sie mit dem Essen, bis Sie wieder ausreichend Wasser haben.

**8. Meiden Sie Alkohol:** Auch der Genuß alkoholischer Getränke fördert den Wasserverlust des Körpers. Wenn Sie eine Notsituation meistern, können Sie es zu Hause feiern - vorausgesetzt, Ihr Wasserbedarf wurde inzwischen gedeckt.

**9. Gehen Sie nicht in die Wüste, wenn Sie krank sind:** Eine Krankheit kann nicht nur Ihre Ausdauer beeinträchtigen, Schwindelanfälle und ähnliches hervorrufen, sondern auch zu Fieber führen. In diesem Fall könnte Wassermangel, Anstrengung mit entsprechender Wärmeproduktion und starke Sonneneinwirkung zusätzlich zur sowieso schon erhöhten Körpertemperatur tödlich sein. Bei Durchfall und Erbrechen ist der Flüssigkeitsverlust ebenfalls groß.

**10. Lassen Sie einen Kranken oder Verletzten nie allein,** es sei denn, Sie müssen unbedingt Hilfe holen. Vermerken Sie den Standort des Betroffenen auf jeden Fall auf einer Karte, und kennzeichnen Sie die Stelle im Gelände deutlich, indem Sie z.B. Kleidungsstücke in Bäume oder Büsche hängen.

Vergewissern Sie sich, daß der Zurückgelassene den ganzen Tag auch bei wechselndem Sonnenstand im Schatten bleiben wird. Wählen Sie möglichst einen Platz an einem gebräuchlichen Weg, so daß eine Rettungsmannschaft ihn problemlos finden kann.

**11. Brechen Sie nie spontan auf:** Viele Opfer der Wüste starben, weil sie ungeplant und unvorbereitet losgingen, -ritten oder -fuhren, fast oder ganz ohne Wasser und Ausrüstung. Gehen Sie immer überlegt und systematisch vor, und planen Sie die gesamte Tour vorher. Legen Sie fest, wann, wo, warum, womit und mit wem Sie unterwegs sein werden.

**12. Das Warnsignal Durst:** Ein Kiesel oder Kaugummi im Mund mag zwar das Gefühl eines trockenen Mundes vertreiben, hat aber keinen Einfluß auf das im Körper wirklich vorhandene Wasser. Sie können dieses Hilfsmittel grundsätzlich benutzen, doch besteht die Gefahr, das wichtige Warnsignal Durst zu spät zu bemerken.

# 5. Kleidung

Wenn das Wandern in der Wüste für Sie neu ist, wird Sie die empfohlene Kleidung vielleicht überraschen. Wir haben das Wandern in kurzen Hosen und kurzärmligen Hemden selbst ausprobiert und schnell festgestellt, daß **lange Hosen und langärmlige Hemden** erheblich angenehmer und sinnvoller sind. Generell sollte die **Kleidung hell** gefärbt sein - die kühlste Farbe ist Weiß, da sie die Wärme am besten reflektiert.

Die wichtigste Aufgabe Ihrer Kleidung ist es, Ihre Haut vor der Sonne zu schützen. Darüber hinaus sollte sie Schutz gegen Kaktusstacheln, dornige Zweige und stechende Insekten bieten. Ein einziger Gang mit bloßen Beinen durch langes, trockenes Gras wird Ihnen soviel Jucken und Kratzen bescheren, daß Sie sich Ihre langen Hosen herbeisehnen werden. Hosen aus festem Jeansstoff könnten sogar einen Schlangenbiß abwehren. Es folgen kurze Beschreibungen der Kleidungsstücke, die sich als besonders brauchbar erwiesen haben.

**1. Hut:** Ihr Hut sollte eine breite Krempe rundum haben, um sowohl Augen als auch Nacken zu schützen. Suchen Sie sich einen hellfarbenen aus, und bedenken Sie, daß solche aus Stroh in heißem Klima besonders bequem sind. Auf jeden Fall sollte er Belüftungslöcher haben. Unsere sind noch mit einem Kinnband ausgestattet, für den Fall, daß Wind aufkommt.

**2. Nackenschutz:** Wenn der Nacken von Ihrem Hut nicht vollständig geschützt wird, sollten Sie zusätzlich ein Tuch am hinteren Rand befestigen, das noch auf andere Weise Verwendung finden könnte: als Flagge, Waschlappen, Taschentuch, Atemschutz in einem Staubsturm usw.

**3. Hemd mit langen Ärmeln:** Die langen Ärmel werden Sie nicht nur gegen die Sonne schützen, sondern auch vor Kratzern und Insektenstichen bewahren. Das Material sollte natürlich keinesfalls so dünn sein, daß die Sonnenstrahlen glatt hindurchgehen. Baumwolle ist wohl der einzig geeignete Stoffe, da viele Kunstfasern erfahrungsgemäß zu heiß und unpraktisch sind.

**4. Jeans oder andere feste Baumwollhosen:** Kurze Hosen sind generell unbefriedigend, wenn Sie sich an einem heißen Tag länger

draußen aufhalten wollen. Bedenken Sie, daß es hier um Brauch-
barkeit, nicht um Mode geht. Mit einem starken Sonnenbrand gerät
man in der Wüste sehr viel leichter in Schwierigkeiten als ohne.

**5. Stiefel:** Stiefel sollten haltbar sein, gut passen (sonst können sie
einem schnell jeden Spaß verderben), Standfestigkeit vermitteln,
die Hitze des Bodens gut isolieren und tritt-griffig sein. Sparen Sie
hier nicht am falschen Ende; kaufen Sie sich Stiefel, die den
Anforderungen gerecht werden und nicht schon bald auseinander-
fallen. Der Knöchelschutz und besonders die Sohlen sollten dick
und widerstandsfähig genug sein, um auch lange Dornen, spitze
Steine u.ä. abhalten zu können (also auf keinen Fall Turnschuhe).

# 6. Kälte

Die meisten Wüstengegenden sind im Winter kühler und einladender. Probleme durch Sonne, Hitze und Wassermangel sind weniger wahrscheinlich - dem Sorglosen können sie jedoch zu jeder Jahreszeit begegnen. Nehmen Sie einen realistischen Vorrat an Wasser und Salzen genau wie im Sommer mit. "Heißes" Wetter (über 30°) kann auch im Winter auftreten.

Auch wenn das Thermometer diese Temperaturen im Schatten nicht anzeigt, kann der Effekt insgesamt doch der gleiche sein, wenn Sie z.B. ohne Hemd marschieren, um braun zu werden.

Wir kennen einen erfahrenen Wüstenwanderer, der sich zweimal in einer Überlebenssituation befand. Er war viele Jahre auch mitten im Sommer unterwegs, doch in Schwierigkeiten geriet er das eine Mal im Februar, das andere Mal im Oktober. Dank seiner Erfahrung überstand er beide Situationen - einem Neuling würde es vielleicht anders ergangen sein.

✋ Kälte kann schon deshalb zu einem ernsten Problem werden, weil viele Menschen sie in der Wüste gar **nicht erwarten.** Es ist nicht ungewöhnlich, daß nach einem warmen Tag mit Temperaturen um 20° am nächsten Morgen der Schlafsack mit Rauhreif überzogen und das Trinkwasser **gefroren** ist.

## Unterkühlung/Hypothermia

Unterkühlung ist zwar kein häufiges Problem in der Wüste, aber es tritt doch manchmal auf. Jeder Wüstenreisende sollte ihre Symptome und die notwendigen Gegenmaßnahmen genau kennen. Im Normalfall kommt sie durch mehrere Faktoren gleichzeitig zustande, manchmal wird sie aber auch nur durch einen einzelnen Umstand, etwa niedrige Temperaturen, hervorgerufen.

✱ **Unterkühlung ist ein Absinken der Körpertemperatur, das tödlich sein kann.** Niedrige Temperaturen, nasse Haut und Kleidung, Wind und Erschöpfung sind die häufigsten Ursachen. Treten diese gleichzeitig auf, müssen Sie mit einer Unterkühlung rechnen. Besonders in den Gebirgszügen und Hochtälern am Rande vieler Wüsten besteht diese Möglichkeit durchaus.

Eines der Hauptprobleme ist, daß die Unterkühlung **langsam und unbemerkt auftreten** kann, vor allem bei arglosen und schlecht vorbereiteten Personen.

Wenn die Symptome auffällig werden, kann es für Gegenmaßnahmen oder eine richtige Einschätzung der eigenen Lage schon
**zu spät** sein. **Mit fortschreitender Auskühlung kann auch der
Erfahrenste hilflos werden.**

Viele Opfer der Unterkühlung (wie es sie jedes Jahr in Gebieten
mit starken Regenfällen und hoher Luftfeuchtigkeit gibt) wurden mit
Schlafsack, Zelt, Parka, Kocher und Lebensmitteln im Gepäck tot
aufgefunden. Sie hatten sich einfach hingesetzt und waren zu keiner sinnvollen Handlung mehr fähig. Je stärker sie auskühlten,
desto **apathischer** wurden sie, bis sie schließlich starben.

Mit ausreichendem Wissen über die Unterkühlung hätten viele
von ihnen sich leicht retten können. Schlimmstenfalls hätte sich
ihre Rückkehr um ein oder zwei Tage verzögert.

✱   Glücklicherweise kann die Unterkühlung im allgemeinen dadurch verhindert werden, daß man **sich warm hält, vor Nässe und
Wind schützt und Erschöpfung vermeidet.**

✱   Die Auswirkungen einer Unterkühlung stellt man **bei anderen
oft leichter fest als bei sich selbst.** Sofortiges Handeln ist dann
erforderlich, um den Vorgang aufzuhalten und umzukehren. In
Ihrem Erste-Hilfe-Kurs werden Sie allerdings auch von Fällen
hören, in denen das Aufwärmen **nicht zu schnell** geschehen darf.
Wenn die Haut sich taub anfühlt, ist das ein sicheres Zeichen, daß
der Körper wenigstens stellenweise schneller auskühlt, als er durch
Eigenwärme ausgleichen kann.

Die **Symptome** sind individuell unterschiedlich und auch vom
Ausmaß der Unterkühlung abhängig, doch immer wird ein **unsiche-
rer und ungleichmäßiger Gang** auftreten. Beobachten Sie die
anderen Gruppenmitglieder. **Rutschen, stolpern oder pausieren**
sie scheinbar grundlos?

✱   **Beobachten Sie sich selbst:** Gehorchen Ihnen die Muskeln
nicht mehr und fällt es Ihnen schwer, einen klaren Gedanken zu
fassen? Die simpelsten Entscheidungen können Ihnen plötzlich
schwerfallen.

Zittern ist ein deutliches Zeichen dafür, daß Ihr Körper auskühlt.
Ihre Muskeln versuchen so, zusätzliche Wärme zu erzeugen.
Dieser Mechanismus funktioniert nur, wenn der Wärmeverlust
unterbrochen wird. Sonst werden durch das Zittern nur zusätzliche

Energiereserven des Körpers verbraucht und die Probleme verschlimmert.

**Was sollten Sie tun...**
....wenn Sie glauben, daß Sie selbst oder jemand anders an Unterkühlung leidet? Besser noch: wie können Sie es von vornherein verhindern? Setzen Sie möglichst viele der folgenden Ratschläge in die Tat um:

✻	**Machen Sie ein Feuer,** wenn trockenes Holz vorhanden ist, und schüren Sie es reichlich. Nachdem Ihre **Kleidung getrocknet** ist, sollten Sie noch solange am Feuer bleiben, bis Sie gut **ausgeruht** sind und aufbrechen können, ohne schnell wieder vor dem gleichen Problem zu stehen.

Sie können sich auch wärmen, indem Sie die obersten Kleidungsstücke ausziehen und sich in einen **warmen Schlafsack legen.** Zuviel Kleidung würde verhindern, daß durch die Körperwärme auch der Schlafsack von innen erwärmt wird.

In schweren Fällen ist es erforderlich, sich **mit einem Opfer zusammen in einen Schlafsack zu legen.** Dann sollten Sie sich weitestgehend ausziehen, um an die Luft im Schlafsack die Wärme abzugeben, die der Unterkühlte nicht mehr selbst erzeugen kann.

✻	**Trinken Sie warme Flüssigkeiten** (Kaffee, Tee, Suppe, Wasser), und vergeuden Sie keine Zeit. Wenn Sie in der Natur keinen Schutz finden, bauen Sie selbst einen, aber sparen Sie dabei Ihre Kräfte.

✻	**Stellen Sie Ihr Zelt auf,** und setzen Sie sich nicht weiter den Elementen aus. Knabbern Sie unterwegs **energiereiche Nahrungsmittel,** um die Reserven des Körpers zu ergänzen. Sind Sie schließlich außer Gefahr und wieder aufgewärmt, sollten Sie überlegen, ob Sie die Nacht nicht in gemütlicher Umgebung verbringen und erst nach einem erholsamen Schlaf wieder aufbrechen wollen.

✻	**Trocken zu bleiben** ist die wichtigste Verhaltensweise zur Vermeidung von Unterkühlung. Nasse Kleidung kann den Wärmeverlust erheblich beschleunigen, besonders nasse Baumwolle wirkt stark kühlend. Wenn Sie in kalter Umgebung naß geworden sind, wechseln Sie Ihre Kleidung sofort! Machen Sie ein Feuer, und gehen Sie erst weiter, wenn Sie sich wieder völlig aufgewärmt haben.

✱ Ein **wasserdichter Poncho** oder anderes Regenzeug schützt davor, naß bis auf die Knochen zu werden. Neuere Materialien "atmen", verhüten also schnelles Durchschwitzen und sind entsprechend angenehmer als die schweren Öljacken der Vergangenheit.

Wir wenden immer die **"Zwiebel"-Methode** an, d.h. wir tragen mehrere Hemden und/oder Pullover übereinander, die bei Temperaturänderung leicht an- oder ausgezogen werden können.

Einige Kleidungsstücke müssen etwas größer sein, um über die anderen zu passen. Es sollte wenigstens eine Lage Wolle dazwischen sein, da Wolle selbst dann noch Wärme isoliert, wenn sie naß ist. Lange Unterwäsche ist ebenfalls sehr hilfreich. In einigen Wüstenregionen können Handschuhe, Parka und Daunenweste erforderlich sein.

☺ Legen Sie an kalten Tagen häufig Pausen ein. Machen Sie sich dann mit einem tragbaren Kocher eine Tasse Kaffee oder Suppe heiß. Essen Sie zwischendurch kalorienreiche kleine Mahlzeiten, und nehmen Sie grundsätzlich eine Tagesration Lebensmittel für Notfälle mit.

✱ **Wind beschleunigt den Wärmeverlust an der ungeschützten Haut außerordentlich.** Nehmen Sie deshalb im Winter grundsätzlich eine Windjacke oder einen Parka mit. Sollten Sie trotzdem der Meinung sein, Sie würden zu schnell auskühlen, warten Sie an einer geschützten Stelle ab, bis der Wind sich gelegt hat.

Ein gutes Zelt kann die Freude an einer Tour im Winter wesentlich erhöhen und hilft sehr, Unterkühlung zu vermeiden, wenn Sie sich die Zeit nehmen, es aufzubauen und zu benutzen.

✱ Die **Abkühlungsrate** ist eine Zahl, die den tatsächlichen Wärmeverlust unter Berücksichtigung von Temperatur und Windgeschwindigkeit verdeutlichen soll. Wir haben eine Tabelle mit Abkühlungsraten hier aufgenommen, um die wichtige Rolle zu zeigen, die die Windgeschwindigkeit bei der Auskühlung spielt.

Tafeln dieser Art sind in vielen Veröffentlichungen zu finden. Um sie zu benutzen, brauchen Sie nur die tatsächliche Lufttemperatur mit einem Thermometer festzustellen.

Lesen Sie in der entsprechenden Zeile der Tabelle den Wert ab, der in der Spalte unter der von Ihnen geschätzten Windgeschwindigkeit steht.

Nehmen wir an, Sie haben auf dem Thermometer -7° abgelesen, und die Windgeschwindigkeit beträgt etwa 15 km/h. Die Abkühlungsrate wäre dann -16, was gleichbedeutend ist mit -16°.

Bei -7° Lufttemperatur und 30 km/h Windgeschwindigkeit wäre die Abkühlungsrate -23.

Das bedeutet, daß bei einer Erhöhung der Windgeschwindigkeit um nur 15 km/h der Körper so schnell auskühlt, als wäre das Thermometer um 7° (von -16° auf -23°) gefallen; bzw. bei -7° tatsächlicher Temperatur und 30 km/h Wind kann der Körper so schnell Wärme verlieren, als würden -23° und Windstille herrschen.

| Vereinfachte Tabelle der Abkühlungsrate | | | | |
|---|---|---|---|---|
| | bei Windgeschwindigkeit | | | |
| | 15 km/h | 30 km/h | 50 km/h | 65 km/h |
| Tatsächliche Lufttemperatur | ergibt Faktor: | | | |
| +4° | -2 | -8 | -11 | -12 |
| -7° | -16 | -23 | -28 | -29 |
| -18° | -30 | -39 | -44 | -47 |

## Kleidung an kalten Tagen

Wir haben über Kleidung schon im Zusammenhang mit der Unterkühlung gesprochen. Kleidung für die kalte Jahreszeit in der Wüste unterscheidet sich nicht grundsätzlich von der Kleidung für andere kalten Gegenden, jedoch sind die Bedingungen in der Wüste meist nicht so extrem wie etwa im Hochgebirge.

✴ **Hochebenen sind in der Regel kälter als tiefgelegene Regionen.** Wenn Sie immer auf Bedingungen **vorbereitet** sind, die Sie eigentlich nicht für wahrscheinlich halten, werden Sie kaum vor Probleme gestellt werden. **Selbst zwischen warmen Tagen können bitterkalte Nächte liegen.**

Beim Kauf eines Schlafsacks sollten Sie nicht so sehr auf den Preis als auf die **wärmespeichernden Eigenschaften achten.** Diese können individuell unterschiedlich empfunden werden. Generell genügen billige Schlafsäcke den Anforderungen der **"Extrem-Praxis"** nicht! **Rettungsdecken** sind metallbeschichtete Folien, die sehr leicht sind und sich zu kleinen Päckchen zusammenfalten lassen. Wir nehmen gewöhnlich zwei pro Person zusätzlich zu unserer sonstigen Winterausrüstung mit. Es handelt sich um Hilfsmittel für den Notfall, nicht etwa um einen Schlafsack-Ersatz.

# Feuer

Wenn wir unterwegs kochen wollen, nehmen wir einen Benzin-Kocher mit. Er wiegt kaum ein Kilo und hat eine beträchtliche Leistung. Pfannen und Töpfe bleiben auf der Flamme einigermaßen sauber - auf jeden Fall sauberer als über einem Lagerfeuer. Sinnvoll ist ebenfalls ein Spiritus-Sturmkocher (wie z.B. Trangia).

Der Brennstoffbehälter muß sorgfältig auf seine Dichtigkeit geprüft werden; wir haben auf einer Wanderung mal fast unsere gesamten Lebensmittel durch einen undichten Behälter eingebüßt. Er soll nicht mit Wasserflaschen verwechselt werden können.

**Beschriften** Sie ihn unbedingt und lassen Sie **Luftraum zur Ausdehnung des Benzins.** Unser gesamtes Kochgeschirr und den Kocher transportieren wir in einem Nylonbeutel, um unser restliches Gepäck vor Ruß zu schützen.

☺ Wenn Sie ein Feuer machen müssen, sammeln Sie nur **totes Holz.** Grüne Zweige sind schwer zu entzünden und brennen deshalb schlecht.

Sollten Sie in einer Notsituation eine Nacht unter freiem Himmel verbringen müssen, **sammeln Sie Holz,** solange es noch hell ist. Bei Licht lassen sich Schlangen und Skorpione leicht von Holzstücken unterscheiden, im Dunkeln nicht.

Das Sammeln in der Nacht kann durch Steilhänge, Bodenlöcher oder andere Gefahren fast unmöglich gemacht werden. Es wird Sie überraschen, wieviel Holz selbst von einem kleinen Feuer in einer Nacht verbraucht wird. Eventuell müssen Sie auch mit Sträuchern vorliebnehmen, und es wird Sie einige Zeit kosten, genug davon anzuhäufen, um eine ganze Nacht damit auszukommen.

Viele Menschen haben nie die Kunst (es ist eine Kunst) des Feuermachens erlernt - besonders unter Bedingungen, die es nicht erlauben, viel Zeit, Streichhölzer oder Brennstoff zu verschwenden.

✻ Das Geheimnis ist, **reichlich trockenen Zunder** und **das gesamte Holz schon vorher parat** zu haben. Manch einer bringt ein kleines Feuer zustande und rennt dann umher in der Hoffnung, Holz zu finden, bevor die Flammen wieder ausgehen.

# 7. Unwetter

## Regen

Die jährliche Niederschlagsmenge in den Wüsten Nordamerikas liegt bei etwa 250 mm, mit Schwankungen von Jahr zu Jahr und von Ort zu Ort. In anderen Regionen, etwa in Chile, Australien, der Sahara, Arabien und Asien, kommt es gebietsweise zu jahrelangen Trockenperioden ohne jeden Niederschlag.

In den Trockengebieten der USA und Mexikos fällt **der meiste Regen im Sommer.** Im Winter kann es zwar stundenlang nieseln, aber in der sommerlichen Monsun-Periode gibt es kurze und heftige Schauer, wobei in weniger als einer Stunde bis zu 30 mm zusammenkommen können. Diese Sommer-Regen **überschwemmen das Land wie eine Sturmflut** und lassen dabei angrenzende Gebiete knochentrocken.

✱ Rechnen Sie mit diesen Regenfällen während der Monsunperiode grundsätzlich. Beobachten Sie jede Wolkenbildung und alle Anzeichen eines Sturmes am Horizont. Sommerliche Unwetter bewegen sich oft sehr schnell und lassen kaum Gelegenheit zum Ausweichen (suchen Sie aus Gründen, die wir noch besprechen werden, **niemals Schutz in einer ausgewaschenen Schlucht!**).

☺   Vergewissern Sie sich, daß Ihr **Gepäck wasserdicht** ist. Spezielle Hüllen für Rucksack und Schlafsack sind im Fachhandel erhältlich. Kamera und Schlafsack sollten noch extra in Plastikbeuteln verpackt werden.

Manche Wüstenwanderer haben im Sommer Regenkleidung dabei; andere lassen sich an heißen Tagen lieber naßregnen, bevor sie sich unter Ponchos oder Jacken naßschwitzen. Sofern wir nicht über Nacht oder für längere Zeit draußen sein wollen, würden wir wohl nur das Allernötigste an Regenzeug mitnehmen.

## Flutwellen

Flutwellen (*Flash floods*) sind eine **häufige Gefahr der Wüste.** Sie treten kurz nach Einsetzen des Regens auf und können durchaus auch in Gebiete vordringen, in denen gar kein Regen gefallen ist.

🖐   **Ein heftiger Regen**, der hundert Kilometer flußaufwärts gefallen ist, kann durchaus ergiebig genug sein, ein altes Flußbett kilometerlang **mit einer tosenden Flut zu füllen.** Wanderer und Autofahrer sollten sich der ernsten Gefahren bewußt sein, die in der Wüste mit einer Flutwelle verbunden sind.

Die verbrannte Erde ist nicht in der Lage, diese **Wassermassen aufzunehmen.** So bilden sich kleine Rinnsale, münden in größere Rinnen im Boden, die sich in kleine Bäche verwandeln. Immer weiter sammelt sich das Wasser und fließt den vorhandenen Betten zu, wobei Schlamm und Geröll mit fortgerissen werden. So entstehen Flüsse in ausgewaschenen Schluchten, die noch vor zehn Minuten knochentrocken waren.

Solche Flüsse können metertief sein, und auch an flachen Stellen sollte man vorsichtig sein und mit versteckten Untiefen rechnen. Überqueren Sie diese Gewässer nie, wenn Sie nicht völlig sicher sein können, auf der ganzen Strecke festen Boden unter den Füßen zu haben. Aber auch dann sollten Sie kalkulieren, von der Wasserwand einer Springflut überrascht zu werden.

✳ Fahrzeugmotoren vertragen solche **Überquerungen oft schlecht:** Der Wagen bleibt stecken, weil die Räder keinen Halt finden oder Spritzwasser (vom Kühlerpropeller hochgeschleudert) die Auto-Elektrik lahmlegt. Beachten Sie Warnschilder an den Straßen, und seien Sie auch darauf gefaßt, daß so ein Fluß plötzlich die Fahrbahn kreuzt (*Floodway*). Es ist grundsätzlich ratsam, den Rückzug des Wassers abzuwarten oder eine andere Strecke zu nehmen. Auch wenn Ihnen selbst nichts passiert, ist doch ein schlammverkrustetes Auto oft nicht mehr viel wert.

Es ist nicht ungewöhnlich, daß Autos oder Lkw einige Kilometer flußabwärts von der Stelle gefunden werden, an der sie eine Durch-querung versucht hatten. Wracks, Leichen und Ausrüstungsteile werden oft über erhebliche Entfernungen verteilt und in einigen Fällen auch nie mehr gefunden.

✱ Sollten Sie bei einer Flußdurchquerung steckenbleiben, wird von Experten geraten, daß Sie Ihr **Fahrzeug vorläufig aufgeben und sich selbst ans Ufer retten,** da Sie im Flußlauf jederzeit von einer Flutwelle überrollt werden könnten. Es sind aber auch schon Menschen bei dem Versuch ums Leben gekommen, vom Fahrzeug zum Ufer zu gelangen. Wenn das Wasser tief und die Strömung stark ist, werden Sie eventuell nur abwarten können.

Es ist schwer, hier Regeln für das richtige Verhalten aufzustel-len. Wir können lediglich eine möglichst große Zahl denkbarer Fälle anführen und hoffen, daß Sie in einer konkreten Situation mit Wissen und Glück den richtigen Weg selbst finden. Vor einer über-fluteten Schlucht warten wir lieber auf ein Absinken des Wasser-standes, statt eine waghalsige Überquerung zu versuchen.

✱ **Wanderer** sollten hier grundsätzlich keinerlei Risiko einge-hen, wenn sie nicht durch eine Notsituation dazu gezwungen wer-den. Warten Sie ab, setzen Sie sich hin, suchen Sie Schutz vor dem Regen, genießen Sie die Landschaft - oder gehen Sie auf anderem Wege weiter. Auch ein geübter Schwimmer hätte keine Chance gegen die Strömung solcher Wüstenflüsse.

✋ Besondere Vorsicht ist beim Wandern in engen Canyons und Schluchten geboten, wegen der oft fehlenden Fluchtmöglichkeit. Bei Flutwellen von 10 oder 15 m Höhe gibt es kein Entrinnen mehr!

# Blitzschlag

kann dem Wüstenreisenden ebenfalls gefährlich werden - gefährli-cher als etwa Schlangenbisse. Gewitter kommen während der

Monsunperiode häufig und auch sonst manchmal vor. Beachten Sie, daß nicht nur das direkte Getroffenwerden tödlich ist, sondern auch Einschläge in 50 m Umkreis Lebensgefahr bedeuten, da der Blitz sich über den Boden ausbreitet.

✳ **Vermeiden Sie Erhöhungen aller Art,** wie Berggipfel, Felsränder und auch flache Ebenen, in denen Sie den höchsten Punkt darstellen würden. Gefährlich ist die Zuflucht unter Bäumen.

Begeben Sie sich beim Aufziehen eines Gewitters sofort an einen sicheren Ort, z.B. eine Mulde, wenn dies irgendwie möglich ist. Wenn nicht, hocken Sie sich auf einen trockenen Schlafsack oder einen niedrigen Steinhaufen. Dies könnte Sie vor Einschlägen in Ihrer unmittelbaren Nähe schützen.

Halten Sie sich nicht in der Nähe von Metallteilen auf, und schaffen Sie auch Rucksackgestelle u.ä. aus Ihrer Umgebung fort. Auch nicht-erhöhte Stellen und Gegenstände werden gelegentlich getroffen, doch können Sie Ihre Chancen in der beschriebenen Weise wesentlich verbessern.

✳ **Höhlen** bieten nur Schutz, wenn Sie sich **weit genug** von allen Höhlenwänden entfernt aufhalten. Als Abstand reichen zu den Seitenwänden 2 m und zur Höhlendecke 1 m. Gleichzeitig ist ein Abstand von 1 m bis zum Höhlenausgang erforderlich.

Am Fuß von Felswänden sollten Sie sich in 2 m Entfernung **davor** frei hinhocken; - möglichst auf trockener oder isolierender Unterlage.

✳ **Autos** werden als sicher angesehen. Selbst wenn die Gummireifen bei einem Gewitter naß sind und nicht isolieren, wird die Sicherheit durch den Effekt des Faradayschen Käfigs hervorgerufen, d.h. die Elektrizität kann nur an der Metalloberfläche entlangfließen, nicht in das Auto hinein.

✋ Vermeiden Sie es, unter freiem Himmel in ein Gewitter zu geraten. Planen Sie während der Regenzeit kürzere Wanderungen und beschränken Sie sie auf den Vormittag, da die Gefahr dann wesentlich geringer ist. Hören Sie den Wetterbericht. Erlernen Sie die Regeln der Ersten Hilfe bei einem Blitzschlag. Viele "Tote" können durch schnelle Hilfsmaßnahmen wiederbelebt werden.

# 8. Sturm

## Windböen beim Autofahren

In vielen Wüsten herrschen gelegentlich böige Winde. Sie können zu einem ernsten Problem für Autofahrer und manchmal auch für den Wanderer werden. Windböen können nicht nur Fahrzeuge umwerfen, sondern Ihnen auch durch aufgewirbelten Staub die Sicht nehmen.

Fahrer von hohen Fahrzeugen wie Geländewagen und Campern sollten sich besonders in acht nehmen: Böen treten speziell an Stellen auf, wo die Straßen Schluchten kreuzen.

## Sandstürme beim Autofahren

Die größten Probleme bereiten dem Fahrer Sand und aufgewirbelter Staub. In Gebieten mit Sanddünen sind Staubstürme eine häufige Erscheinung. Scheint der Staubsturm nur von kurzer Dauer zu sein, können Sie sein Ende einfach abwarten. Hält er dagegen an und erstreckt sich über ein größeres Gebiet, wird es besser sein, umzukehren und sich einen Platz für die Nacht zu suchen.

☝ Viele der Unfälle in Sand- und Staubstürmen sind Auffahrunfälle, da Autofahrer (wie im Nebel) plötzlich sehr langsam fahren, die Straße jedoch nicht verlassen. Das Hindernis ist nicht zu erkennen und, da die Sichtbehinderung von einer Sekunde zur anderen auftreten kann, auch nicht zu erwarten.

✳ Nach einem Sandsturm empfiehlt es sich, das Auto zu säubern - besonders den Motorraum. Öl, Ölfilter und Luftfilter sollten ggf. gewechselt werden. Sand könnte auch zwischen Bremsbeläge und Trommeln geraten sein und die Bremswirkung stark beeinträchtigen. Die Windschutzscheibe kann durch unzählige winzige Kratzer wie bereift aussehen und fast undurchsichtig geworden sein. Manchmal wird die dem Sturm ausgesetzte Seite des Autos bis auf das blanke Metall wie sandgestrahlt.

Wenn Sie nicht verhindern können, in einen Sand- oder Staubsturm zu geraten, bremsen Sie ab und schalten Sie das Licht ein. Wenn die Sicht zu schlecht ist, sollten Sie besser ganz anhalten, aber immer **neben der Fahrbahn.**

Schalten Sie dann das **Licht aus,** damit andere Fahrer sich nicht daran orientieren und von der Straße abkommen. Halten Sie niemals auf der Straße selbst, sondern immer neben ihr.

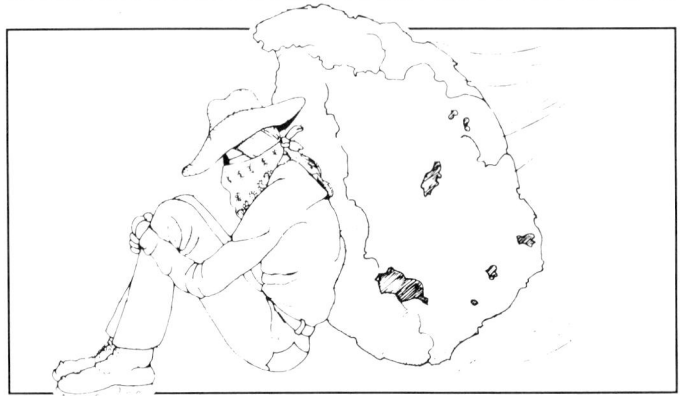

## Sandstürme beim Wandern

Auf Wanderungen haben uns Sand und Staub selten Probleme bereitet, doch sollten Sie einen solchen Sturm auch ernst nehmen, wenn Sie zu Fuß unterwegs sind.

Versuchen Sie, eine Deckung zu finden, etwa die Windschattenseite eines Felsens oder eines Abhangs (Vorsicht, Steinschlag). In offenem Gelände legen Sie sich mit dem Rücken zum Wind auf den Boden. Schützen Sie Ihr Gesicht mit einem Tuch oder Reservehemd. Da die Sicht stark eingeschränkt ist, Orientierungspunkte schwer zu erkennen und Entfernungen schlecht zu schätzen sind, **sollten Sie abwarten und erst weitergehen,** wenn die Verhältnisse sich normalisiert haben.

Heiße Wüstenwinde beschleunigen den Wasserverlust des Körpers. In einer schwierigen Lage kann eine kühle Brise erlösend sein, ein heißer Wind dagegen ist eher ein zusätzliches Problem.

## Windhosen

sind kleine Wirbelwinde, die von weitem wie kleine Tornados aussehen, sie haben aber nicht deren Kraft. An einem heißen Sommernachmittag kann man davon manchmal mehrere gleichzeitig in einem Wüstental beobachten. Sie gehören eher in die Gruppe der Unannehmlichkeiten, da Sand, Abfall und Staub über hundert Meter in die Luft geschleudert werden. Eine sehr starke Windhose kann einen unvorbereiteten Menschen zu Boden werfen. Gehen Sie in Deckung bis die Windhose vorübergezogen ist.

# 9. Krankheiten

## Übertragung durch Tiere

Die meisten Krankheiten des Menschen kommen auch in Wüstengebieten vor, dennoch ist die Wüste allgemein ein vergleichsweise gesunder Lebensraum. Normale Vorsichtsmaßnahmen sollten getroffen und jeder Kontakt mit freilebenden Tieren **unbedingt vermieden werden.**

Viele Menschen befürworten den rigorosen Abschuß von Raubtieren, wodurch im Endeffekt Nagetiere sich so stark vermehren, daß unter ihnen Epidemien ausbrechen.

✱ Tollwut kommt bei Säugetieren der Wüste genau wie bei allen anderen Säugetieren gelegentlich vor. Immer wieder werden von den zuständigen Behörden unsinnige Ausrottungsaktionen angeordnet, die letztlich den Menschen schaden. Manche Säugetierarten breiten sich gelegentlich etwas stärker aus, doch stellen Raubtiere, Krankheiten, Wasser und Futtermangel natürliche Kontrollen dar. Am besten läßt man Wildtiere einfach in Ruhe.

✋ Widerstehen Sie der Versuchung, "hilflose" Jungtiere (die meist so wenig "hilflos" sind wie Sie selbst) auf den Arm zu nehmen, und **vermeiden Sie unbedingt jeden Kontakt mit offensichtlich kranken Tieren.**

✱ In Kapitel 20 besprechen wir Bisse und Stiche von giftigen Tieren. Zu solchen Vorfällen kommt es besonders dann, wenn jemand mit einem Tier in Kontakt kam, das er besser hätte **in Ruhe lassen** sollen. Im Anschluß an die Erste Hilfe sollte ein Arzt aufgesucht werden.

Sorgen Sie dafür, daß nicht noch jemand (oder das Opfer noch einmal) bei dem Versuch gebissen wird, das betreffende Tier zu fangen.

## Kakteen

Kakteen können in vielen Wüsten Schwierigkeiten bereiten, so z.B. einige Yucca- und Agavenarten. In Nordamerika ist es vor allem die Cholla-Familie, von der mehrere Vertreter in den Trockengebieten vorkommen.

Besonders gefährliche Stacheln haben die Springende Cholla (*Cylindropunita fulgida*) und die Teddybär-Cholla (*C. bigelovii*).

Diese Stacheln liegen oft auch auf dem Boden herum, und in manchen Gegenden ist der Kontakt mit ihnen kaum zu vermeiden. Sie durchdringen zwar sehr feste Sohlen nicht, dafür aber oft die Seiten der Stiefel.

Achten Sie darauf, diese Kakteen nicht einmal zu streifen, da schon die leichteste Berührung ganze Glieder vom Kaktus löst und sich deren Stacheln tief in der Haut verankern. Sitzt ein solches Stachelteil fest auf Ihrem Körper, so schneiden Sie die Stacheln am Kakteenkörper bündig ab und ziehen Sie danach jeden Stachel einzeln in seiner jeweilig günstigsten Richtung heraus.

Oder man schiebt einen Taschenkamm zwischen Haut und Kaktuskörper und schnellt diesen so vom Körper weg (ohne dabei **jemand anders oder einen anderen Teil des eigenen Körpers zu treffen).**

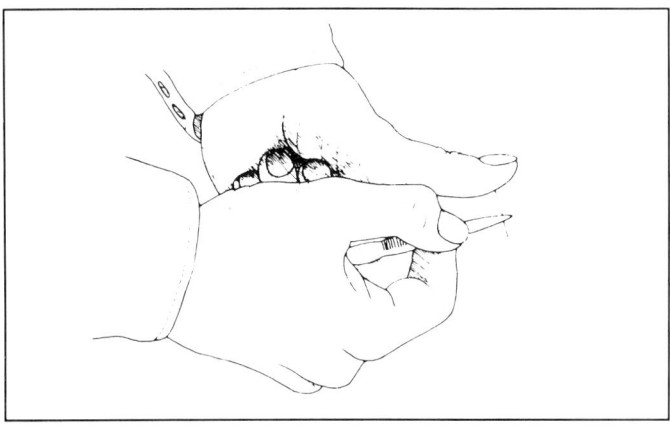

Eine Zange kann hilfreich sein, und eine Pinzette ist besonders geeignet, um einzelne Stacheln oder einen ganzen Teppich besonders feiner Borsten zu entfernen. Letztere können ebenfalls von einer Cholla oder vom stacheligen Birnen-Kaktus stammen. Um sie zu finden, kann eine Lupe erforderlich sein. Ein Nagelknipser oder eine feine Schere kann helfen, die Haut um einen zu kurz abgebrochenen Stachel abzutragen, bis die Pinzette ihn fassen kann.

# 10. Nahrung

## Bedeutung

Nach unserer Meinung spielt Nahrung für das Überleben in heißem Klima nur selten eine Rolle, sofern eine ausreichende Salzzufuhr sichergestellt ist. Nahrungsmangel wird sehr viel eher in kaltem Winterwetter zu einem Problem.

Aus diesem Grunde sprechen wir nur sehr kurz über ein Lieblingsthema vieler Überlebensbücher: das Sammeln wilder Pflanzen und das Fangen freilebender Tiere als Nahrung. Wir haben schon lange Listen von sogenanntem Eßbaren gesehen, auf denen auch so unerreichbare Feinschmeckerfreuden wie Berglöwe und Habicht standen.

✽    Fraglos kann ein in diesen Dingen Erfahrener (zur rechten Zeit und am rechten Ort) in der Wüste ein ganzes Sortiment natürlicher, eßbarer Nahrung finden.

Für den Neuling in einer Überlebenssituation würde ein solcher Versuch einen **zweifelhaften Kraftaufwand** bedeuten. Es besteht die Gefahr, sich zu verirren, zu verletzen, die Erschöpfung und den Wasserverlust zu erhöhen, ohne viel oder überhaupt etwas Eßbares zu finden. Das Risiko muß gegen die Chance und die Notwendigkeit abgewogen werden, etwas wirklich Nahrhaftes zu ergattern.

✋    Der Ausgang einer lebensgefährlichen Situation in der Wüste wird meistens in kurzer Zeit entschieden - so schnell, daß die Ernährung dabei keine Rolle spielt.

✽    **Die wirklichen Gefahren sind Hitze, Wasser- und Salzmangel, Unfälle und Unwissenheit,** nicht der Hunger.

Normalerweise kann der Mensch mehrere Tage ohne Essen auskommen, ohne mehr als Magenknurren zu erleiden. In guter körperlicher Verfassung, ausreichend versorgt mit Schutz und Schatten, Wasser und Salz, sollten Sie vier bis fünf Tage überstehen können, bevor Essen zu einem Problem wird. In kalter Umgebung wäre die Frage dringender, aber die Hoffnung, in der Natur etwas Eßbares zu finden, ist im Winter noch geringer.

Sollten Sie sich entscheiden, in einer Notsituation auf Nahrungssuche zu gehen, müssen Sie den notwendigen Energieaufwand gegen den **Energiegewinn durch die Nahrung abwägen,** die Sie zu finden hoffen. Eine halbe Nacht damit zu verbringen, eine Wüstenmaus zu fangen, ist kaum sinnvoll (selbst wenn Sie sie erwischen sollten), da die Beute nicht einmal soviele Kalorien liefert, wie zur Jagd notwendig waren.

❋ Erwägen Sie auch solche Dinge wie Verträglichkeit, Eßbarkeit, mögliche Krankheiten des Tieres, Gifte in der Pflanze, die vorhandene Menge und die notwendige Zubereitung. Hunger kann zwar sehr unangenehm werden, doch rechtfertigt er nicht selbstmörderische Risiken, **solange Sie nicht zu verhungern drohen.**

❋ **Trinken Sie unbedingt zu jeder Mahlzeit.** Essen ohne gleichzeitiges Trinken kann den Wasserverlust beschleunigen und zu neuen Problemen führen.

## Mitzunehmende Nahrung

Neben den Lebensmitteln für Ihre Hauptmahlzeiten sollten Sie reichlich Vorräte für kleine Gelegenheitsmahlzeiten und einen Notvorrat für den Fall mitnehmen, daß Sie unterwegs aufgehalten werden. Wir essen gern kurz vor dem Aufbruch noch eine große Mahlzeit, unterwegs essen wir entsprechend nur wenig.

Dabei bevorzugen wir Lebensmittel, die nicht gekocht werden müssen und ersparen uns so Kocher, Brennstoff, Geschirr, Spülmittel und die schon erwähnten Beutel zur Aufbewahrung alldessen. Auf diese Weise ist unser Gepäck leichter und wir sparen viel Platz.

Feste Süßigkeiten, Tropen- oder Kochschokolade (die nicht so schnell schmilzt), Lakritz, Käse, Cracker, gesalzene Nüsse, getrocknete Früchte (Rosinen, Aprikosen, Birnen, Äpfel), frisches Obst, Brezeln und ähnliches sind hervorragend geeignet für unterwegs.

Wir versuchen immer sowohl Süßes als auch Salziges mitzunehmen. Eine Mischung aus verschiedensten Nüssen eignet sich wegen ihres hohen Energie- und Eiweißgehaltes bei relativ geringem Gewicht sogar als eine Hauptnahrung.

❋ Die Aufnahme von Eiweiß (Proteinen) ist allerdings nur sinnvoll, wenn genügend Wasser getrunken wird (zur Verdauung von Proteinen wird Wasser verbraucht).

☺    Konserven und Flaschen bleiben zu Hause - oder im Wagen - da sie leer im Gepäck oder in der Landschaft ein Ärgernis sind.

✋    Packen Sie Ihre Lebensmittel sorgfältig ein und bewahren Sie sie nachts **für Tiere unzugänglich auf**. Eine einzige Maus kann beträchtlichen Schaden anrichten und eine Ratte ein ganzes **Vorratslager vernichten.** Seitdem eines Morgens von den Lebensmitteln in unseren Rucksäcken kaum noch etwas übrig war, wissen wir, daß sich im Grand Canyon mindestens eine äußerst verfressene Maus herumtreibt.

## Tiere und Pflanzen

Theoretisch sind die meisten in der Wüste vorkommenden **Säugetiere, Vögel, Schlangen und Eidechsen eßbar;** bei Kröten sind wir uns nicht sicher. Darüber hinaus sind viele Vogeleier und Insektenarten für eine nahrhafte Mahlzeit gut. Viele wurden allerdings noch nie auf ihre Eßbarkeit untersucht, und es besteht immer die Gefahr einer Vergiftung oder Ansteckung mit Krankheitskeimen in solchen "Lebensmitteln". Es erfordert oft einigen Aufwand, diese Tiere zuzubereiten, und schließlich kann man beim Fangen gebissen werden.

✳    Die Liste der möglicherweise eßbaren Pflanzen in der Wüste ist lang - ganze Bücher wurden diesem Thema gewidmet. Manche Bücher wurden nicht aufgrund eigener Erfahrung geschrieben, und manche Aussagen halten wir für eine fragwürdig.
Auch hier gilt: viele Wüstenpflanzen sind noch gar nicht ausreichend untersucht worden, und manche haben giftige Doppelgänger. Wir haben auch schon eine ganze Reihe von Wüstenpflanzen gegessen, aber es waren ausschließlich solche, die wir sehr gut kennen

Wir glauben, daß Nahrung für das Überleben in heißem Wetter nur selten eine Rolle spielt, vorausgesetzt, Ihnen steht ausreichend Wasser und Salz zur Verfügung. Es ist grundsätzlich möglich, in einer Überlebenssituation Nahrung in der Natur zu finden, doch raten wir zu Vorsicht und kritischem Umgang mit allen mündlichen und schriftlichen Aussagen über die Eßbarkeit von Pflanzen.
Packen Sie immer reichlich Lebensmittel und einen ganzen **zusätzlichen Tagesbedarf an Reserve** ein, so werden Sie nie einen Habicht oder einen Berglöwen fangen und töten müssen!

# 11. Schutz

## Deckung

In einer Überlebenssituation ist irgendeine Deckung oder ein Unterstand als Schutz gegen Wind, Sonne, Regen, Sand, Hitze, Kälte und eventuell Tiere lebenswichtig. Je einfacher Sie so einen Schutz herstellen können, desto weniger Energie- und Wasserverlust müssen Sie in Kauf nehmen. Suchen Sie zuerst nach einer natürlichen Deckung.

Sollten Sie sich in einer bestimmten Gegend längere Zeit aufhalten müssen, können Sie immer noch nach etwas Besserem suchen oder es selbst bauen.

## Höhlen

können in einigen Gebieten **sofortigen Schutz** bieten. Sie haben jedoch auch ihre Nachteile: Ratten, Klapperschlangen und andere Tiere hausen oft in ihnen, gelegentlich ist der Gestank unerträglich. Stacheln und Dornen können auf dem Boden liegen, und häufig kommen tierische Parasiten vor.

✳ **Meiden Sie grundsätzlich die Höhlen von Fledermäusen,** da die Tiere und ihr Kot sehr wahrscheinlich Krankheitsüberträger sind. Einige Höhlen, besonders in Gebirgsregionen, sind während eines Gewitters gefährlich. Berghänge und Felsbrocken können vorläufig Schutz bieten, doch sollte man sich vor Steinschlag in acht nehmen.

## Zelt und Unterstand

Ein Unterstand kann aus Zweigen, Buschwerk u.ä. hergestellt werden. Achten Sie darauf, daß sich an Ihrem Baumaterial keine Skorpione oder andere Krebstiere befinden. Viele Leute nehmen die notwendigsten Bestandteile für einen Schutzbau grundsätzlich auf jede Tour mit.

✳ Manche Menschen verlassen sich auf eine einfache **Plastikfolie,** doch sind unverstärkte Plastiksorten nach unserer Erfahrung nicht widerstandsfähig genug, um lange ihren Zweck zu erfüllen. Ebenfalls sehr beliebt sind beschichtete **Nylongewebe,** die haltbarer sind.

Ihre **Rettungsdecke** können in einem behelfsmäßigen Unterstand durchaus verwendet werden, ist aber nicht reißfest genug. Packen Sie reichlich Spannleinen ein, die für die Errichtung einer Schutzkonstruktion meist nützlich sind.

Um die Leinen an einer Plane befestigen zu können, ohne diese anstechen zu müssen, nehmen wir Metallklammern oder wir formen aus jeder Ecke der Plane eine kleine Tasche, legen ein rundes Steinchen hinein und verschnüren diese Tasche mit der Spannleine. Diese Art der Befestigung ist dem Stechen von Löchern grundsätzlich vorzuziehen, da provisorische Löcher **bei Wind sehr schnell ausreißen.** Nehmen Sie im Notfall alles, was sich zum Bau einer Deckung verwenden läßt (Kleidungsstücke, Schlafsack usw.).

☺    Sobald Sie eine Zuflucht gefunden oder errichtet haben, sorgen Sie dafür, daß Sie nicht direkt auf dem heißen Boden sitzen oder liegen brauchen. Setzen Sie sich auf Ihren Schlafsack, einen Stapel Kleidung oder Holz - selbst ein Abstand von 20 cm vom Boden erhöht Ihre Chancen.

Berücksichtigen Sie den Lauf der Sonne am Himmel während des Tages, wenn Sie einen Platz für Ihre Notunterkunft suchen. Die Stelle sollte von vornherein Schutz bieten, und gleichzeitig muß die Möglichkeit bestehen, von einer freien Fläche aus Notsignale für Flugzeuge und Rettungsmannschaften zu geben.

✸    Ein gutes, haltbares Zelt ist auf den meisten Wanderungen mit Rucksack angebracht. Es muß einen eingenähten Boden und ein doppeltes Dach besitzen. Der Boden ist erforderlich, um Skorpione und andere ungeladene Gäste auszusperren; das zusätzliche Regendach hilft neben seiner eigentlichen Funktion auch, das Zelt etwas kühler zu halten.

Nehmen Sie auch für Ihr Zelt reichlich Spannleinen mit, da die Heringe vielleicht im lockeren Wüstensand nicht halten und man Bäume, Felsbrocken o.ä. zuhilfe nehmen muß, um es aufzustellen.

☺    Besonders angenehm und praktisch in heißem Klima sind Zelte mit eingesetzten Moskitonetzen (an möglichst gegenüberliegenden) Seitenwänden und einem Regendach für nasse Tage. In manchen Fällen kann die obere Plane auch aufgerollt werden, um die Netzfenster freizulegen.

Das Zelt kann sehr gut belüftet werden (Durchzug), ohne daß Insekten eindringen. Vor allem in heißen Nächten, in denen auch zahlreiche Insekten unterwegs sind, zahlt sich die Anschaffung eines solchen Zeltes schnell durch seine Annehmlichkeiten aus.

# 12. Wanderausrüstung

Eine gute Ausrüstung und Kenntnisse im Umgang mit ihr können das Vergnügen an einer Wüstentour erhöhen und im Notfall sehr nützlich sein. Andererseits kann zuviel oder falsch zusammengestellte Ausrüstung eher behindern als helfen.

In vielen Fällen waren es schlecht ausgerüstete und schlecht vorbereitete Personen, die in der Wüste in ernste Gefahr gerieten.

Wir trafen einmal nach 15 km Wanderung im Grand Canyon einen älteren Herrn im dunkelblauen Anzug mit Straßenschuhen. Er begrüßte uns fröhlich, fragte, wie weit es bis zum Fluß sei und ging dann weiter. Er hatte kein Wasser bei sich, trug keinen Hut und hatte nichts zu essen. Der Höhenunterschied vom Rand des Canyons bis zur Sohle beträgt 1.500 m, und führt in große Hitze. Wir haben uns später oft gefragt, wie er da wieder herausgekommen ist.

Ausrüstungsgegenstände sind zum Teil in anderen Kapiteln dieses Buches angesprochen worden. In diesem haben wir jene zusammengestellt, die wir für unverzichtbar halten und einige wenige, die wir zusätzlich empfehlen würden.

## Tagestouren

Auf allen kurzen Unternehmungen in der Wüste nehmen wir ein Tagesgepäck einschließlich einer Notfallausrüstung mit.

**✳** Im **Tagesgepäck sind enthalten:** Wasserflaschen, Extra-Strümpfe, Reserve-Schuhbänder, ein Pullover oder eine warme Jacke, ein Anorak, Fotoapparat mit Zubehör, Fernglas, insektenabweisendes Mittel, Toilettenartikel, Müllbeutel, Handbücher, Karten, Ausweise, Sonnenbrille, Lebensmittel, kleine Gelegenheitsmahlzeiten und ein Nahrungsvorrat für Notfälle.

**✳** Diese Dinge sind auf unseren persönlichen Bedarf zugeschnitten, die **Notfallausrüstung jedoch wird grundsätzlich mitgenommen,** und sei die geplante Tour noch so kurz.

Einige andere Dinge, z.B. Wasserflaschen, nehmen wir ebenfalls jedesmal mit; sie passen aber nicht in die Notfallausrüstung mit hinein.

Jede teilnehmende Person sollte seine eigene, vollständige Ausrüstung haben und **jeder (auch Kinder) sollte sie, wie auch sein Wasser und andere lebenswichtige Dinge, selbst tragen.**

## Notfallausrüstung

Unsere Notfallausrüstung besteht aus den in der folgenden Liste genannten Gegenständen, die zusammen in einem eigenen "Behälter" mit Reißverschluß untergebracht sind. Dieser ist wasserdicht und hat eine **auffällige Farbe,** damit er nicht aus Versehen irgendwo vergessen wird.

Fertigen Sie eine Kontrolliste aller Teile Ihres Sets und überprüfen Sie vor jedem Aufbruch die Vollständigkeit:

- ❏ Taschenlampen (zwei kleine pro Person)
- ❏ Taschenlampenglühbirnen (Reserve)
- ❏ Batterien (Reservesatz für Taschenlampen)
- ❏ Rettungsdecke (metallbeschichtet)
- ❏ Dosenöffner (einfaches Modell)
- ❏ Süßigkeiten (schwer schmelzend)

- Kamm (zum Entfernen von Kaktusstacheln)
- Kompaß (Qualität ist wichtig)
- Leine (Kunstfaser, Nylon)
- Elastische Bandagen
- Feuerstarter (als Gelee oder Trockenspiritus-Würfel)
- Verbandskasten (ausreichend bestückt für alle üblichen Verletzungen)
- Insektenschutzmittel
- Taschenmesser (mit verschiedenen Klingen)
- Einwegfeuerzeug
- Lippensalbe
- Streichholzbehälter (zwei, wasserdicht)
- Streichhölzer (wasserfest)
- Nadel und Faden
- Notizbuch
- Bleistift
- Sicherheitsnadeln
- Rasierklinge
- Salztabletten
- Schuhbänder
- Toilettenpapier
- Schlauch (kleiner Durchmesser, ein Meter lang)
- Pinzette
- Trillerpfeife
- Metallklammern (für Zeltplane)
- Schlangenbesteck

Gelegentlich nehmen wir zusätzlich mit:
- Plastikbeutel (groß)
- Kerze
- Stahl und Feuerstein
- Brennglas
- Gummibänder
- Säge (Draht)
- Teebeutel
- Thermometer (mit Behälter)
- Schlauchzelt
- Armbanduhr
- Draht

# Rucksackwanderungen

Die folgende Liste enthält jene Dinge, die wir normalerweise im Rucksack auf einer längeren Tour in die Wüste mitnehmen (den Kocher und Zubehör allerdings nur manchmal). Beachten Sie, daß bei kälterem Wetter ein warmer Schlafsack und weitere Kleidungsstücke hinzukommen müssen.

**Für längere Touren** alle Gegenstände des Tagesgepäcks (außer Tasche), sowie dazu:

✎

- ❑ Rucksack (haltbar, bequem)
- ❑ Gaskocher (klein)
- ❑ Kochzubehör und Geschirr
- ❑ Lebensmittel (siehe Hinweise an anderen Stellen)
- ❑ Unterlage (aufrollbar, für Bequemlichkeit und Isolierung)
- ❑ verschiedene Gegenstände wie Kletterausrüstung usw.
- ❑ Müllbeutel
- ❑ Zelt (eingenähter Boden, gute Verarbeitung, Materialqualität, mit Moskitonetz, Regendach, Leinen, Heringen, Zeltstangen)

Auch hier kontrollieren wir die Vollständigkeit mit Hilfe einer Liste. Wiegen Sie alle Gegenstände und notieren Sie sich, was Sie wirklich verwenden konnten. Seien Sie jederzeit bereit, die Zusammenstellung aufgrund neuer Erfahrungen, anderer Situationen und sich ändernder persönlicher Vorzüge zu variieren.

**Die Versuchung, das Gepäck "mal eben schnell" zusammenzuwürfeln, birgt große Gefahren in sich.** Sie werden am Ende zu viel, zu schweres, dafür aber manches Wichtige vielleicht nicht mithaben.

# 13. Landkarten

Manche Wüstenreisenden verwenden selten oder nie Landkarten, sondern ziehen es vor, die Dinge zu nehmen, wie sie gerade kommen. Das kann sehr viel Spaß bringen, doch können auch Karten zu dem Vergnügen an einer Tour beitragen und sie sicherer machen. Bergwerke, geologische Formationen, Felswände, Flußbetten, Quellen, Gebäude wie Farmen oder Geisterstädte, Oasen, Bäche und anderes sind auf vielen Karten verzeichnet.

Nur mit Hilfe einer Karte können Sie Ihren genauen Standort ermitteln und günstige Wege zu anderen Zielpunkten auswählen. Die sachkundige Verwendung eines Kompasses in Verbindung mit einer guten Karte trägt dazu bei, ein Verirren zu vermeiden.

Versuchen Sie, jeweils **die neuesten Informationen zu bekommen, bevor Sie losgehen oder -fahren.** Ranger-Stationen können an bestimmten Tagen oder auch während einer ganzen Jahreszeit geschlossen sein, ebenso andere Informationsquellen wie Farmen, Tankstellen oder Grenzposten.

Höhenlinien auf topographischen Karten geben Höhenunterschiede an. Je dichter die Linien nebeneinander liegen, desto steiler ist das Gelände. Der Gebrauch dieser Karten ist leicht zu erlernen, besonders, wenn man ihn im Gelände erklärt bekommt, wo man Abbild und Wirklichkeit direkt vergleichen kann.

Andere Institutionen geben verschiedene weitere Karten für bestimmte Regionen heraus, die jedoch meist nicht so detailliert sind wie die topographischen. Allerdings können sie auf einem neueren Stand sein.

Es hat Fälle gegeben, in denen wir mehrere Karten gleichzeitig zu Rate ziehen mußten. Die an Tankstellen erhältlichen Karten sind abseits der Straße nicht mehr genau genug, um von Wanderern verwendet werden zu können. Über besonders entlegene Gebiete wird man sich ggf. mündlich oder schriftlich erkundigen müssen.

**Anmerkung:** Ohne Karte zu wandern bedeutet ein großes Sicherheitsrisiko. In einer Survivalsituation ist eine gute Karte oft von entscheidender Bedeutung. Deshalb: nie ohne Karte.

Karte & Kompaß, Cliff Jacobson, OutdoorHandbuch - Basiswissen für Draußen, Band 4, Conrad Stein Verlag, 70 Seiten, 23 Illustrationen, DM 12,80.

# 14. Wege aus der Gefahr

## Verirrt

Das Wort "verirrt" hat mehrere, ganz verschiedene Bedeutungen. Verirrt hat sich der, der nur zeitweise nicht den Überblick über das Gelände hat, in dem er sich befindet oder vorübergehend den Weg nicht finden kann, auf dem er geht - aber auch der, der überhaupt nicht weiß, wo er sich befindet und wohin er sich wenden soll.

Wir alle kommen von Zeit zu Zeit von dem gewählten Weg ab, weil er vom Regen unkenntlich gemacht wurde, auf Felsboden nicht zu erkennen ist, von Buschwerk verdeckt wird, der Wegweiser irgendeine Hausbar in der Stadt verziert oder ein paar hundert Meter abseits auf dem Boden liegt oder weil eine Viehherde durch das Gebiet getrampelt ist.

Nur wenige Pfade sind auf ihrer gesamten Länge gut zu erkennen, und wir müssen oft erst einmal das Gelände auskundschaften, bevor wir weitergehen können. Ganz selten passiert es auch, daß wir eine gewählte Route aufgeben und umkehren müssen.

Das kommt meist vor, wenn wir absolut querfeldein gehen oder einen sehr alten Pfad benutzen wollen: unpassierbare Abhänge, dichtes und dorniges Gebüsch und ähnliche Hindernisse können eine solche Aufgabe erzwingen.

In der Ebene sind Orientierungspunkte meist gut sichtbar. In bergigen Regionen bekommt man sie vielleicht überhaupt nicht zu Gesicht.

✋ **Ihr Leben kann davon abhängen, daß Sie rechtzeitig um-kehren,** wenn Sie Ihren Weg nicht finden und andere Orientie-rungshilfen nicht sehen können.

☺ Wenn Sie sich so sehr verirrt haben, daß Sie Ihren Weg nicht innerhalb weniger Minuten finden können, setzen Sie sich erst einmal hin, **entspannen sich und überdenken Ihre Situation. Panik schadet nur.**
Wenn Sie erschöpft und erhitzt sind, unter Wasser- und Salzverlust leiden, Hunger haben, ist Ihr Urteilsvermögen beein-trächtigt. Trinken Sie etwas, suchen Sie Schatten und nehmen Sie Salz zu sich.

Es mag Ihnen beim Lesen zu Haus leicht erscheinen - doch beantworten Sie im Ernstfall folgende Fragen:

An welcher Stelle war der Pfad noch sicher zu erkennen oder ein eindeutiger Orientierungspunkt auszumachen?

Können Sie Verkehrslärm oder Maschinengeräusche hören, die das Zurechtfinden erleichtern könnten?

Womit rechnen Sie, wenn Sie in die gleiche Richtung weitergehen?

Wie steht es um Ihre Wasservorräte? Wieviel haben Sie noch zu essen?

Sind Sie in guter Verfassung und in der Lage, ohne Schwierigkeiten weiterzumarschieren? Wie geht es den anderen Gruppenmitgliedern? Ist jemand verletzt?

Wird jemand nach Ihnen suchen; haben Sie kurzfristig Ihre Pläne geändert, ohne daß jemand davon erfahren hat? Haben Sie jemand den voraussichtlichen Zeitpunkt Ihrer Rückkehr mitgeteilt?

Welche Temperaturen herrschen? Ist es windig? Wie spät ist es?

✴    Das schwächste Mitglied der Gruppe ist für all Ihre Entscheidungen am wichtigsten!

Diese Fragen müssen Sie sich beantworten, um Ihre Situation richtig einzuschätzen und einen Ausweg zu finden. Je mehr Wissen und Erfahrung Sie haben und je besser Sie ausgerüstet sind, desto eher werden die von Ihnen gewählten Maßnahmen Sie und Ihre Gefährten sicher wieder nach Hause bringen.

Sich zu verirren und unerwartet ein oder zwei Nächte unter freiem Himmel verbringen zu müssen, kann für den einen tödlich, für den anderen dagegen eine belebende Herausforderung sein.

✴    **Geraten Sie nie in Panik, wenn Sie sich verirrt haben.** Es ist vorgekommen, daß Menschen alles fallen ließen - auch Wasserflaschen und Schlafsack - und einfach zu rennen anfingen. Als sie schließlich erschöpft waren, hatten sie noch mehr die Orientierung verloren und noch weniger Chancen, ihre Situation in den Griff zu bekommen.

🖐 Vermehren Sie Ihre Probleme nicht noch durch unüberlegtes oder fahrlässiges Handeln. Kinder verhalten sich in solchen

Situationen manchmal sinnvoller, einfach deshalb, weil sie nicht in Panik verfallen (es ist allerdings auch schon von verirrten Kindern berichtet worden, die eine asphaltierte Straße einfach überqueren, um dann weiter in den Wald oder in die Wüste zu gehen).

Verlieren Sie nicht noch mehr die Orientierung. So wie Sie ganz offensichtlich dorthin kommen konnten, werden Sie auch wieder von dort weg kommen können.

**✱** **Behalten Sie jederzeit eine positive Grundeinstellung.** Verschwenden Sie Ihre gedanklichen Fähigkeiten nicht auf "Was wäre gewesen, wenn..."-Fragen. Konzentrieren Sie sich ausschließlich auf den **besten und schnellsten Weg aus dieser Gefahrensituation herauszukommen.**

## Der Weg zurück

Wenn der Weg nicht mehr klar zu erkennen ist und es so spät wird, daß sich die Tour nicht planmäßig zu Ende führen läßt, sollten Sie überlegen, ob Sie **auf dem gleichen Weg wieder zurückgehen,** den Sie gerade gekommen sind. Diesen werden Sie relativ leicht wiederfinden, während vor Ihnen eventuell Überraschungen lauern, mit denen umzugehen Ihnen im Moment die Zeit und vielleicht die Ausrüstung fehlt. Die Fortsetzung der Tour und die am Tag evtl. ansteigenden Temperaturen könnten Sie zu sehr erschöpfen.

**✱** Bergab zu gehen, besonders auf einem guten Pfad, ist im allgemeinen leichter als ein Aufstieg - die meisten Bergunfälle passieren jedoch auf dem Weg nach unten. Bleiben Sie langsam und rennen Sie nicht, wenn es bergab geht. Schnelligkeit ist Leichtsinn!

Im Grand Canyon und vergleichbaren Gegenden findet das Klettern in umgekehrter Reihenfolge statt. Auf dem Rückweg geht es bergan, und dieser Aufstieg dauert oft doppelt so lange wie der Abstieg. Beherzigen Sie dies als Faustregel.

Viele Leute sehen sich außerstande, den Weg aus dem Canyon zu schaffen, und Maulesel werden geschickt, um sie hinaufzubringen - gegen "teures" Geld.

☺ Zeichnen Sie vor dem Aufbruch die **gesamte Wegstrecke** auf einer Karte ein. Vermerken Sie Orientierungspunkte, und machen Sie es sich zur Regel, diese im Gelände auch wirklich zu sehen. Sprechen Sie mit Bekannten, die dort schon einmal gewandert sind und Ihnen Tips geben könnten und schwierige oder gefährliche Strecken kennen.

☺ **Verwenden Sie öfter Ihren Kompaß** zur Richtungskontrolle und versuchen Sie, den gesamten Verlauf vor Augen zu haben.

✱ Als Führer einer Gruppe teilen Sie allen Mitgliedern sofort mit, wenn Sie den Weg nicht mehr klar erkennen können oder sich verirrt haben. So werden Sie den benutzten Pfad sehr viel eher zurückverfolgen können, falls Sie umkehren müssen.

✱ Bleiben Sie grundsätzlich in Rufweite voneinander. Jeder Teilnehmer sollte eine **Trillerpfeife** haben und einige festgelegte Signale beherrschen. So kann der Führer den anderen mitteilen, wenn er den Weg wiedergefunden hat.

✱ Es gibt viele Methoden, in der Wüste die richtige Richtung herauszufinden. Je mehr davon Sie kennen, desto größer ist die Wahrscheinlichkeit, daß Sie im Bedarfsfall eine geeignete anwenden können. Orientierungspunkte im Gelände sind am ehesten geeignet, den Standort zu bestimmen. Berge, Schluchten, Flußbetten, Klippen und Felszinnen können auf den meisten Landkarten sicher identifiziert werden.

✱ Ein **Kompaß** ist für den ein nützliches Instrument, **der wirklich mit ihm umgehen kann** - andere wird er möglicherweise nur behindern. Der Umgang mit Kompaß und Karte kann aus Büchern erlernt werden. Der Benutzer muß die magnetische Abweichung für seinen Aufenthaltsort berücksichtigen. Diese wird auf topographischen Landkarten angegeben.

📖 Karte & Kompaß, Cliff Jacobson, OutdoorHandbuch - Basiswissen für Draußen, Band 4, Conrad Stein Verlag, 70 Seiten, 23 Illustrationen, DM 12,80.

✱ Die **Sonne** ist sehr nützlich für eine ungefähre Kontrolle der Marschrichtung. Sie müssen nur wissen, daß sie etwa im Osten aufgeht und (ebenfalls nicht genau) im Westen untergeht.

✱ Der **Polarstern** (auf der südlichen Erdhalbkugel das **Kreuz des Südens**) ist wie die Sonne für eine ungefähre Richtungsbestimmung geeignet. Sie könnten diese Punkte z.B. gebrauchen, wenn Sie ein sehr weites Tal durchqueren und wissen, daß es in ihm eine von Osten nach Westen verlaufende Straße gibt.

Suchen Sie am Himmel den **Großen Wagen** (auch Großer Bär genannt) und verlängern Sie die durch die zwei Sterne der "Rückwand" verlaufende Gerade fünfmal nach oben - dort ist der Polarstern.

Eine Linie von Ihrem Standpunkt zu diesem Stern zeigt (mit höchstens einem Grad Abweichung) Richtung Norden.

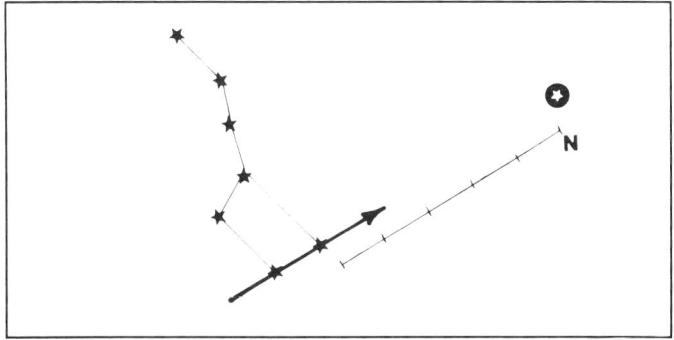

**✳** **Es gehört einige Erfahrung dazu, Entfernungen in der Wüste zu schätzen.** Die Entfernung zu einem Bergmassiv, das scheinbar nur wenige Kilometer weit weg ist, kann 30 oder 40 km betragen. Besonders schwierig ist es, die Breite eines großen Tales zu schätzen.

**✳** **Wanderungen allein sind nicht zu empfehlen**, auch wenn sie oft unternommen werden. Es gibt Vorteile des Alleinwanderns, etwa die Unabhängigkeit, die Möglichkeit, das eigene Tempo zu bestimmen und Wildtiere besser beobachten zu können.

Das große Problem ist jedoch, daß selbst eine kleinere Verletzung, etwa ein verstauchter Knöchel, zur ernsten Gefahr werden kann, da kein Begleiter Hilfe holen kann.

☺ Wenn Sie von einer Straße aus losgehen, merken Sie sich, wo Sie Ihren Wagen geparkt haben und in welche Richtung Sie gehen müssen, wenn Sie wieder auf die Straße stoßen. Es könnte ernste Folgen haben, wenn Sie sich irren.

Es gibt zahllose "Straßen" in der Wüste, von der Piste bis zur Asphaltstraße. An vielen Nebenstraßen und Kreuzungen stehen keine Hinweisschilder. Führen Sie eine Art Logbuch während der Fahrt, in das Sie Entfernungen und jedes Abbiegen nach links oder rechts vermerken.

✋ **Ein einziges versehentliches Abbiegen kann in ein Labyrinth von Nebenwegen oder -spuren führen.** Anhand Ihrer Aufzeichnungen werden Sie relativ leicht wieder hinausfinden.

## Notlager

Nehmen wir an, Sie müssen aus irgendeinem Grund unerwartet draußen übernachten. Vielleicht war die Strecke länger als angenommen, es wurde dunkel oder Sie wurden irgendwie aufgehalten.

Wenn Sie mit dem Rucksack unterwegs sind, werden wahrscheinlich keine sehr großen Probleme auftreten, vorausgesetzt, Sie sind mit Lebensmitteln, Wasser und anderem auch für die zusätzliche Zeit ausgerüstet. Ohne Wasser und Schlafsack kann es allerdings eine recht unangenehme Nacht werden.

Wer nur eine Tagestour machen wollte, versucht aus der Wüste herauszukommen, bevor es dunkel wird. Sonst müssen Sie Ihre Notunterkunft im Dunkeln errichten. Bei Vollmond mag das noch gehen, aber ganz ohne Licht und ohne gute Taschenlampe ist es schwer bis unmöglich.

☺ **Sobald Ihnen klar wird, daß Sie es an diesem Tag nicht mehr schaffen,** sollten Sie damit beginnen, Ihr Lager aufzuschlagen und (wenn es nachts kalt wird) Feuerholz zu sammeln. Kalkulieren Sie hierfür mindestens eine halbe Stunde ein. Wenn Sie nicht bereits frieren, sollten Sie mit dem Anzünden des Feuers bis zum Einbruch der Dunkelheit warten. Ihr Holzvorrat wird dadurch länger halten.

Im Dunkeln nach Feuerholz zu suchen, ist sehr riskant. Sie könnten über eine Klippe fallen oder sich auf einen unfreiwilligen Kampf mit Schlangen, Skorpionen und Dornengestrüpp einlassen.

✳ In der Sicherheit der eigenen Wohnung hat die Dunkelheit nichts Erschreckendes, in einer Überlebenssituation draußen erscheint sie vielen Menschen als Feind - wenn auch mehr in ihrer Vorstellung als in Wirklichkeit. Natürlich können viele Gefahren auftreten: die Möglichkeit, in ein Loch, einen alten Bergwerkschacht oder Brunnen hineinzufallen, die Schwierigkeit, Orientierungspunkte auszumachen oder es mit einer Schlange oder einem Raubtier zu tun zu bekommen.

Wir wandern selten nachts und wenn, dann nur auf gut gekennzeichneten Wegen und jeder mit einer guten Taschenlampe ausgerüstet (wir besprechen Nachtwanderungen an anderer Stelle).

**✱**    **Schlaf** ist für die Leistungsfähigkeit im Normalfall und ganz besonders in einer Notsituation wichtig. Körper und Geist brauchen ihn dringend. Doch wenn es um Leben oder Tod geht, kann das Einschlafen schier unmöglich scheinen.

Wenn zwei oder mehr Personen zusammen unterwegs sind, **kann einer wachbleiben,** nach dem Feuer sehen, auf Rettungsmannschaften achten usw., während die anderen schlafen.

Allein ist es schon schwieriger. Versuchen Sie tagsüber im Schatten etwas Schlaf zu bekommen und ruhen Sie nachts, so gut es geht, auch wenn Sie nicht schlafen können.

## Psychologische Faktoren

Es hat sich in Gesprächen mit Überlebenden einer Notsituation immer wieder gezeigt, daß die innere Einstellung des Betreffenden über Leben oder Sterben entscheidet.

**✱**    **Wer fest glaubt, daß er überleben wird, schafft es meist;** wer alle Hoffnungen begraben hat, wird es wahrscheinlich selbst auch bald sein. Ihre Einstellung zu den Dingen wird in manch einem Fall die entscheidene Rolle spielen.

Menschen, die in der Wüste (oder auch in der Nähe einer Stadt) festsaßen, verletzt waren oder sich verirrt hatten, berichten von einer Reihe psychologischer Faktoren, die bei ihnen ins Spiel kamen. Oft waren es Dinge, über die man sich erst Gedanken macht, wenn etwas passiert ist. Aber auch alte Hasen erzählen von psychischen Schwierigkeiten, die bei ihnen auftraten. Diese lassen sich meist unter den Oberbegriff "Ängste" fassen.

Machen Sie sich klar, daß es völlig normal ist, in einer kritischen Situation solche Ängste zu empfinden.

**✱**    **Wenn Sie sich auf sie vorbereiten, wird es Ihnen leichter fallen, diese Ängste als das zu erkennen, was sie sind, und sie eher abschütteln können.**

✱ Als eine Ursache der Angst haben wir schon die Dunkelheit erwähnt. Ein zurückschnellender Ast, die erfolglose Suche nach etwas können bei vielen Menschen als Auslöser wirken. Es wird oft berichtet, daß Einsamkeit und Alleinsein sehr belastend empfunden wurde. Die Angst vor dem Sterben tritt dagegen bei den meisten Menschen nur vorübergehend auf.

Sehr groß kann die Angst vor irgendeiner Verletzung werden, auch wenn eine solche Gefahr nicht wirklich existiert. Manchem bereiten Tiere sehr viel Angst. Das Heulen eines Kojoten kann den einen amüsieren, den anderen versetzt es in Panik. Sie werden solche Ängste wahrscheinlich ebenfalls empfinden, wenn Sie unfreiwillig unter freiem Himmel übernachten müssen.

✱ Denken Sie daran, daß **Angst ihren Grund fast immer nur in der Vorstellung des Betroffenen haben,** nicht in der Wirklichkeit. Wenn Sie sich dies bewußt machen, sollten Sie mit eingebildeten Ängsten besser fertig werden können. Vielleicht werden Sie dieses Problem gar nicht haben, vielleicht auch in nennenswertem Umfang.

Damit rechnen und rechtzeitiges Erkennen werden Ihre besten Waffen gegen Ängste sein. Seien Sie gut vorbereitet, ausgerüstet und über alle Eventualitäten möglichst gut informiert. Unternehmen Sie öfter Touren und setzen Sie sich vernünftige Ziele.

✱ Brechen Sie **nur in guter Verfassung auf** und behalten Sie eine **positive Einstellung** in jeder Situation.

✱ **Handeln Sie überlegt, nicht impulsiv und lassen Sie sich nicht von Angst leiten.** Stützen Sie sich in einer kritischen Lage auf Ihr Training und Ihre Erfahrung.

## Besonderheiten mit Gruppen

Was wir bisher über das Überleben des Einzelnen gesagt haben, läßt sich auch auf die Gruppe anwenden. Sie bietet in einer Notsituation gewisse Vorteile, es treten aber gleichwohl auch spezielle Probleme auf. Wir sind nicht gern und nicht oft mit großen Gruppen unterwegs, da wir unser Tempo gern selbst bestimmen und hier und da halten, um uns etwas genauer anzusehen.

✱ Je mehr Personen beteiligt sind, desto größer ist die Gefahr, daß jemand krank wird oder sich verletzt oder psychische

Schwierigkeiten vorkommen, und desto mehr Nahrung, Wasser, Unterkunft usw. wird gebraucht. Bei jedem Engpaß vervielfachen sich die Probleme.

Ein kleines Rinnsal könnte zwei Personen vielleicht mit Wasser versorgen - für zehn oder noch mehr Leute wäre es fast wertlos. Den Lärm in Grenzen zu halten, das richtige Tempo zu wählen und die Gespräche nicht auf Politik und Philosophie kommen zu lassen sowie Streit zu vermeiden, wird bei den meisten Gruppenunternehmungen schwer sein.

✱ Regelmäßig gibt es mindestens einen Clown, einen Nörgler, einen Tölpel, einen Helden, eine Plato und drei Führer (einen anerkannten und zwei in der Opposition). Irgendjemand hat grundsätzlich etwas vergessen und muß es leihen oder wird von seinen neugekauften Stiefeln zum hinkenden Krüppel gemacht.

✱ Es ist sehr vorteilhaft, wenn eine größere Zahl von Wanderern von einem **erfahrenen und durchsetzungsfähigen Führer geleitet wird, der Probleme lösen kann,** bevor sie außer Kontrolle geraten.

In einer bedrohlichen Lage müssen alle Gruppenmitglieder als Einheit zusammenarbeiten. Aufgaben können je nach den Fähigkeiten des Einzelnen verteilt werden. Der Kontakt untereinander muß jederzeit sichergestellt sein, und gegenseitige Hilfe ist selbstverständlich.

✱ Einiges wird man im Zusammenhang mit Gruppenwanderungen positiv bewerten. Je mehr Teilnehmer, desto größer ist die Chance, daß jemand eine Nachricht hinterlassen hat und eine Suchaktion gestartet wird. Gruppen sind im Gelände leichter auszumachen als eine Einzelperson. Der Versuch, sich an den gerade zurückgelegten Weg zu erinnern, wird eher gelingen.

Das besprochene System, allen eine auftretende Orientierungsunsicherheit sofort zu signalisieren, so daß vom zuletzt Gehenden aus der Weg leichter zurückverfolgt werden kann, funktioniert bei größeren Gruppen natürlich am besten.

✱ **Lassen Sie einen Kranken niemals allein umkehren,** wenn die Umstände dies nicht unbedingt erfordern. Er könnte in der Hitze ohnmächtig werden und an Ort und Stelle sterben, da sein Körper schnell sehr viel Wärme aufnimmt.

# Notsignale und Rettung

Eine Rettungsaktion erfordert im Normalfall einige Zeit. Helfer müssen gefunden, organisiert und die vorliegenden Informationen überprüft werden. Wenn jemand zwar vermißt wird, aber keine eindeutige Nachricht hinterlassen hat, dauert es oft noch länger (☞ Kapitel 15).

✋ **Der Wanderer, der aufbricht, ohne jemanden zu informieren, wird vielleicht nie gesucht.**

✷ Bedenken Sie, daß Suchmannschaften in der Regel aus Freiwilligen bestehen und nur losgeschickt werden, wenn mit Sicherheit angenommen werden kann, daß sich jemand in Not befindet, verletzt ist oder wenn ein kleines Kind verlorengegangen ist. Die meisten "Vermißten" tauchen von selbst wieder auf, bevor eine Suche organisiert worden ist oder kurz nach ihrem Beginn.

Besonders gedankenlose Individuen vergessen auch nur, ihre Rückkehr zu melden und verursachen dadurch einen Haufen unnötiger Arbeit und Peinlichkeiten. Kalkulieren Sie also Verspätungen ein, wenn Sie eine Nachricht hinterlassen und vergessen Sie nicht die Rückmeldung bei der betreffenden Person, wenn Sie wieder angekommen sind.

Die meisten Rettungsaktionen beginnen innerhalb von 24 Stunden, manche wurden allerdings erst nach Wochen unternommen. Nur wenige Menschen sind in der Lage, allein in der heißen Wüste wochenlang zu überleben - unmöglich ist es nicht.

✷ Nachdem Sie sich um die dringendsten Punkte (Wasser, Schutz vor Wettereinflüssen, Nahrung u.ä.) gekümmert haben, sollten Sie alles tun, um Ihre Anwesenheit für die Suchenden sichtbar zu machen. Ein Flugzeug ist vielleicht in wenigen Sekunden über das enge Tal hinweggeflogen, in dem Sie sich befinden. Wenn Sie nicht darauf vorbereitet sind, augenblicklich Notsignale zu geben, wird man Sie kaum entdecken. Überlegen Sie, von wo Hilfe wahrscheinlich kommen wird, ob zu Fuß, mit Pferden, Autos oder Flugzeugen.

Egal womit Sie Signale geben können - **drei von irgendetwas** (Schüsse, Pfiffe usw.) **sind grundsätzlich ein Notsignal,** die Antwort sind zwei von irgendetwas. Denken Sie an die folgenden Methoden, um die Aufmerksamkeit möglicher Retter auf sich zu lenken:

**Notsignale**

1. Legen Sie **auffällige Gegenstände** auf den Boden (z.B. Kleidung, Alufolie, Zelt usw.) oder hängen Sie sie in Bäume, wo sie auf weite Entfernung sichtbar sind. Binden Sie ein leuchtend gefärbtes Hemd oder ähnliches an einen langen Stock und halten Sie diese Flagge **griffbereit, um sie sofort benutzen zu können,** wenn Sie einen Suchtrupp sehen oder hören.

Lassen Sie die Fahne am besten immer aufrecht stehen, so daß sie auch dann gesehen werden könnte, wenn Sie sie nicht rechtzeitig schwenken können.

2. Verwenden Sie Ihre **Rettungsdecke als Riesen-Reflektor.** Zusammengefaltet haben sie zwar nur die Größe eines Briefumschlags, tatsächlich haben sie aber eine Fläche von etwa 1,5 mal 2 m. Beschweren Sie sie mit Steinen oder stellen Sie eine Flagge her.

3. **Machen Sie ein Feuer** und kümmern Sie sich ständig darum. Unterhalten Sie ein kleines Lagerfeuer und halten Sie große Mengen trockenen Brennmaterials bereit, um es in die Flammen zu werfen, sobald sich Hilfe nähert.

✳ **Ein Feuer hat den zusätzlichen Vorteil, daß es auch Personen auffällt, die gar nicht wissen, daß jemand vermißt wird.**

Wenn möglich, sollten Sie drei Feuer in einem Dreieck anlegen. Das wird sich wohl nur mit mehreren Personen durchführen lassen; einen Einzelnen würde es zuviel Kraft und Schlaf kosten, sie in Gang zu halten. Setzen Sie sich nicht zu sehr der Hitze der Flammen aus, wenn schon Wasserverlust und -mangel bestehen.

An sonnigen Tagen ist **dunkler Rauch** meist besser sichtbar als heller. In einem Auto findet sich vieles, womit dunkler Rauch erzeugt werden kann: Sitzbezüge, Motoröl, Reifen, Fußmatten, Drahtisolierung und mehr. Unter bewölktem Himmel dagegen ist **heller Rauch** vorzuziehen, der sich mit grünen Pflanzen produzieren läßt.

Als **Signalfeuer** sollten Sie ein kleines Lagerfeuer ständig brennen lassen (wenn Ihnen die Hitze nicht schadet) und bei Herannahen von Suchmannschaften sofort weiteren Brennstoff hineinwerfen.

Wenn ein Feuer nachts gesehen wird, könnte man beschließen, der Sache gleich am Morgen nachzugehen. Seien Sie jederzeit darauf vorbereitet, deutliche Signale zu geben, wenn jemand tagsüber in der Gegend ist.

4. Versuchen Sie es mit **Rufen** und **Schreien,** aber tun Sie beides nicht unnötig, da Erschöpfung und Wasserverlust beschleunigt werden. "Hilfe" oder "Help" (oder dasselbe in der Sprache des Landes, in dem Sie sich gerade befinden) sind wohl am geeignetsten. Rufen Sie in sinnvollen Abständen und hören Sie zwischendurch, ob jemand antwortet.

Laute **Trillerpfeifen** sind weithin hörbar und ermüden auch den Benutzer nicht so schnell. Auch mit zwei **Steinen,** die man aufeinanderschlägt, kann man sich über große Entfernungen in der Stille der Wüste bemerkbar machen.

5. Schußwaffenbesitzer können **Schüsse** (jeweils drei) abfeuern. Eine kleine Pause zwischen dem ersten und zweiten macht es Suchtrupps leichter, die Richtung festzustellen. In manchen Gebieten sind Schüsse besonders nachts recht wirkungsvoll.

6. Machen Sie **große Zeichen auf den Boden.** Schreiben Sie "Hilfe" oder "SOS" mit Ästen, Steinen oder anderem Material. Suchen Sie eine freie Fläche aus und verwenden Sie nur Gegenstände, die sich auch wirklich vom Boden abheben. Nützlich können auch Jacken, Rettungsdecken oder Feuerstellen in Verbindung mit einem solchen Zeichen sein.

Die Wirkung wird manchmal noch verstärkt, wenn die Gegenstände einen Schatten werfen. Je größer die Buchstaben und Formen, desto besser wird man sie auf große Entfernung sehen können.

7. Verwahren Sie in Ihrem Fahrzeug ein großes **Tuch oder eine Plane** mit der Aufschrift "Hilfe" oder "SOS" in großen, deutlichen Buchstaben. Wenn Ihr Wagen streikt oder steckenbleibt, öffnen Sie die Motorhaube (ein Notsignal) und breiten das Tuch auf dem Boden oder über dem Wagendeck aus. Nehmen Sie auch Stricke mit, um es festbinden zu können.

8. **Signalraketen und Leuchtkugeln** sind eine möglicherweise gefährliche Sache und können Feuer verursachen und sind

andererseits natürlich auch besonders gut sichtbar. Deshalb und aus Gewichtsgründen ist die Mitnahme von größeren Leuchtpistolen wohl nur in einem Fahrzeug zu empfehlen. Allerdings sind kleinere Signalgeber z.B. in Segelzubehörläden erhältlich.

Versorgen Sie sich in jeder Überlebenssituation mit dem Notwendigen und bereiten Sie gleichzeitig verschiedene Möglichkeiten vor, Notsignale zu geben. Wenn Sie nicht weitergehen können oder nicht wissen, welche Richtung Sie einschlagen sollen, bleibt Ihnen kaum etwas anderes übrig, als Ihre gegenwärtige Lage zu verbessern. Notsignale sind keine absolute Lebensversicherung.

Der Suchtrupp schaut vielleicht gerade in eine andere Richtung, oder das Signal ist nicht so auffällig, wie Sie meinen. Sparen Sie Ihre Kräfte und Reserven. Selbst ein Flugzeugwrack wird manchmal erst nach Tagen gefunden.

## 9. Pilotensignale

Ein paar Standard-Zeichen für die Verständigung mit Flugzeugen sind hier abgebildet. Die meisten Piloten kennen sie:

☐ Karte/Kompaß werden gebraucht

❘ Arzt wird gebraucht

❙❙ Medikamente werden gebraucht

✗ Kann nicht weiter

⏃ Wasser/Lebensmittel werden gebraucht

Y Ja

↑ Gehe in Pfeilrichtung weiter

N Nein

⏘ Nachricht nicht verstanden

LL Alles in Ordnung

K Welche Richtung gehe ich

10. Ein **Signalspiegel** ist hervorragend geeignet, um bei klarem Himmel Retter auf sich aufmerksam zu machen, die allerdings aus einer günstigen Richtung kommen müssen. Signalspiegel sind meist aus Metall und sollten durch ein Etui vor Kratzern geschützt werden.

Wir haben grundsätzlich einen dabei und konnten feststellen, daß er über weite Entfernungen sichtbar ist, wenn er richtig benutzt wird. Wenn nichts anderes vorhanden ist, kann man auch Alufolie, einen Konservendosendeckel, Autospiegel oder sogar blanke Radkappen verwenden. Signalspiegel sind besonders brauchbar, um einem Flugzeug Zeichen zu geben. Durch das Loch im Spiegel läßt sich das Flugzeug anpeilen.

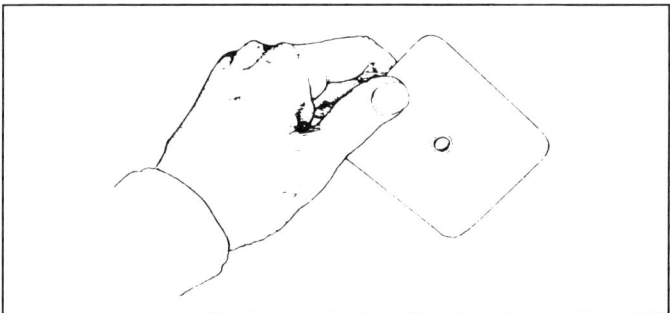

## Selbst einen Weg aus der Gefahr finden

Wir haben an anderer Stelle über mögliche Schwierigkeiten beim Wüstenwandernd gesprochen. Wenn Sie beschließen, sich zu Fuß aus Ihrer Lage zu befreien, sollten Sie die folgenden Punkte bedenken:

**1. Werden Sie jedes überflüssige Gewicht los.** Lassen Sie alles zurück, was Ihnen auf Ihrem Weg nicht direkt hilft; das wären z.B. Kameras, Stative, Gewehre und Munition, Gürtel, Reservekleidung, Wanderstock usw. Jedes Pfund weniger wird es Ihnen ermöglichen, schneller und leichter voranzukommen. Eventuell entscheidet es über Erfolg oder Mißerfolg Ihres Versuchs!

Sie können später wiederkommen, um sich die Sachen abzuholen - sollten Sie nicht überleben, würden sie sowieso nichts nützen.

2. **Suchen Sie Ihre Route sorgfältig aus** und zeichnen Sie sie auf einer Karte ein, wenn vorhanden. Wenn man wahrscheinlich nach Ihnen suchen wird, sollten Sie Ihren Weg markieren und Nachrichten zurücklassen.

3. Wählen Sie in einer kritischen Situation **die einfachste und sicherste Strecke** aus. Die Landschaft können Sie ein anderes Mal genießen. Laufen Sie nicht ziellos herum, da es Erschöpfung und Wasserverlust fördert, Sie aber kaum irgendwo hinbringen wird.

Die meisten Wüsten werden von trockenen Flußbetten durchzogen, die oft als "Straßen" brauchbar sind. Versuchen Sie sich zu erinnern, ob ein bestimmtes Flußbett irgendwo eine Straße oder einen Pfad kreuzte. Solche Auswaschungen bieten oft Schatten und an einigen Stellen könnten Sie Wasser finden.

Es ist leichter und sicherer, am Rand entlang zu gehen, als im sandigen Bett selbst. Sand erschwert das Laufen sehr, und zu bestimmten Zeiten muß mit Flutwellen gerechnet werden. Die mit Geröll bedeckten Flußbetten in steilen Felsschluchten sind zwar grundsätzlich als Wege verwendbar, können aber ebenfalls sehr beschwerlich werden.

Achten Sie immer auf plötzliche Stufen und bröckelnde Felsränder, vor allem, wenn Sie nachts marschieren. Ein solcher Weg kann aber auch als Sackgasse vor einer steilen Stufe eines "trockenen" Wasserfalls enden, die zu umgehen oder zu überwinden viel Zeit und Kraft kosten würde.

# 15. Absicherungsregel

☞ Ganz gleich, wann Sie zu einer Wüstentour aufbrechen, egal ob für einen Tag oder für eine Woche, zu Fuß oder mit dem Auto: **hinterlassen Sie in jedem Fall eine Mitteilung** - z.B. bei der für das Gebiet zuständigen Polizeidienststelle.

Die Mitteilung sollte die Namen, Adressen und Telefonnummern aller Teilnehmer enthalten. Ebenso die Kennzeichen und Beschreibungen der verwendeten Wagen und wo sie zu Beginn der eigentlichen Wanderung geparkt werden. Beschreiben oder zeichnen Sie die geplante Route und geben Sie die Zeiten für Beginn und Ende an.

☞ Wenn ein Teilnehmer an Diabetes oder einer anderen schwerwiegenden Krankheit leidet, sollte dies unbedingt erwähnt werden. Entsprechend müssen natürlich auch die notwendigen Medikamente mitgenommen werden (diese Mengen sollten auch **für einen Zwischenfall und den entsprechenden Zeitverlust ausreichen).**

✱ Schätzen Sie die Zeit bis zur Rückkehr sehr großzügig und planen Sie kleinere Verzögerungen durch Reifenpannen oder daß Sie einfach länger brauchen als angenommen, mit ein. Geben Sie aber auf jeden Fall einen bestimmten Zeitpunkt an, ab dem man Sie als überfällig betrachten und wenigstens erste Schritte der Suchaktion einleiten sollte.

☞ **Ändern Sie nicht in letzter Minute Ihre Pläne,** ohne auch die betreffende Person oder Stelle vollständig hierüber zu informieren. Es wäre bittere Ironie des Schicksals, wenn man eine großangelegte Suche nach Ihnen durchführt, während Sie in einer ganz anderen Gegend um Ihr Leben kämpfen.

✱ **Vergessen Sie nicht,** sich nach Ihrer **Rückkehr sofort zu melden,** da Ihre Kontaktperson sonst die Behörden verständigt haben könnte, obwohl Sie schon seit Stunden in Sicherheit sitzen.

✱ Wer all dies für übertriebene Mühe hält, sollte sich vor Augen führen, wie der Ernstfall für ihn aussehen würde, wenn er verletzt wäre, sich verirrt hat oder sein Wagen streikt. Wie es wäre, wenn das Wasser zur Neige geht, die nächste Hilfe etliche Kilometer entfernt anngesichts eines glühend heißen Tages oder einer eiskalten

Nacht. Vielleicht sind Freunde oder Kinder davon abhängig, wie man mit der Situation fertig wird. Wieviel leichter jedes Planen und Handeln wäre, wenn mit einer schnellen Rettungsaktion gerechnet werden kann.

Wenn Sie eine Mitteilung hinterlassen und sich an Ihre Pläne gehalten haben, ist Rettung relativ sicher und Sie können sich darauf konzentrieren, Notsignale zu geben, Wasser zu sparen und sich gegen Hitze oder Kälte zu schützen, bis man Sie gefunden hat.

Wenn Sie aber nicht wissen, wann oder ob man überhaupt nach Ihnen suchen wird, werden Sie sehr viel leichter ein Opfer der Resignation und Verzweiflung und damit an sinnvollem Handeln wenigstens teilweise gehindert.

**✱** Wenn Sie in jedem Fall jemanden **schriftlich über Ihr Vorhaben informieren, haben Sie zwei der wertvollsten Überlebenstechniken bereits angewendet:** jemand wird sich um die Suche nach Ihnen kümmern und Sie selbst können ohne Panikstimmung alles Notwendige tun, bis diese Hilfe eintrifft.

# 16. Wandern

Wandern in der Wüste erfordert die gleichen Überlegungen wie das Wandern generell - plus ein paar zusätzliche betreffend Wasser, Hitze, Salz, schwieriges Gelände, Schlangen usw. Planung und gute körperliche Verfassung erhöhen Sicherheit und Vergnügen jeder Wüstenwanderung.

✱ Die Wahl des **Schuhwerks** ist von großer Bedeutung. Allein die Hitze kann zu einem ernsten Problem werden, und ausreichende Isolierung vom heißen Boden ist dringend erforderlich. Über die notwendige Paßform, Griffigkeit und Schutz vor Stacheln und Dornen haben wir bereits gesprochen.

✱ Nehmen Sie immer **mehrere Paar Socken** mit. Wir wechseln unsere Socken oft während der Pausen, um unseren Füßen Gelegenheit zum Abkühlen und Trocknen zu geben. Hängen Sie die durchgeschwitzten Strümpfe an die Rückseite Ihres Gepäcks, damit sie bis zur nächsten Pause trocknen können. Bevor Sie sie das nächste Mal benutzen, sollten Sie möglichen Sand und Splitter entfernen.

Wenn Ihre Füße sehr geschwollen sind, werden Sie vielleicht nicht riskieren wollen, die Stiefel auszuziehen (Sie könnten nicht mehr hineinkommen); lösen Sie dann wenigstens die Schuhbänder.

✱ Wenn es um **Blasen** geht, ist Vorbeugen sehr viel besser als Heilen. Wandern Sie oft oder - wenn das nicht möglich ist - laufen Sie zu Hause in Ihren Stiefeln, so daß sie **eingelaufen und Ihren Füßen angepaßt** sind.

Pflegen Sie sie richtig, damit das Leder geschmeidig und wasserabweisend bleibt. Halten Sie auch das Innere sauber und tragen Sie nie Strümpfe, die scheuern könnten.

Halten Sie beim ersten Anzeichen einer Blase oder wundgescheuerter Stellen sofort an und schützen Sie die überempfindlich gewordene Haut mit einem Pflaster, oder - noch besser, - mit einem Spezialpflaster (bekannt in den USA und Deutschland als "Moleskin").

☺ **Tips zur Vorbeugung:** Ziehen Sie zwei paar Strümpfe an, wobei das untere Paar dünner sein sollte (z.B. aus Seide ganz hervorragend). Bekleben Sie blasenempfindliche Stellen vor der Wanderung mit z.B. "Leukoplast", um somit die Haut zu verstärken.

✱    Planen Sie an heißen Tagen nur kurze Wanderungen; von denen werden Sie mehr haben als von langen Touren. Wer an einem Tag über 30 Kilometer zurücklegt, wird bei aller Hast kaum in der Lage sein, Natur zu erleben. 10 km sind bei hohen Temperaturen meist schon viel. Beschränken Sie Ihre Unternehmungen auf den kühleren Morgen und Vormittag.

✋    Erfahrung ist auch in der Wüste der beste Lehrmeister. Vor einigen Jahren haben manchmal unsere Wasservorräte nicht gereicht - heute passiert uns so etwas nicht mehr. Mittlerweile haben wir begriffen, wie wichtig Wasser in heißem Klima ist und wie schnell man stirbt, wenn man es nicht hat. Mancher braucht erst einen tüchtigen Schrecken, damit er die Bedeutung des Gelesenen wirklich erfaßt.

✱    In einer Notsituation wird die beste Zeit für einen Abmarsch sehr **früh am Morgen** sein. Selbst vor Sonnenaufgang ist es hell genug, und gleichzeitig sind die Temperaturen besonders erträglich. Die Temperaturen im Winter sind für Wanderungen in der Wüste oft ideal. Die Tage sind üblicherweise warm (gelegentlich heiß), die Nächte kühl oder kalt. Unterschätzen Sie nicht Ihren Bedarf an Wasser, Salzen und Schatten.

Auch wenn er nicht so groß ist wie im Sommer, bedingt eine im Winter geringere Luftfeuchtigkeit einen überraschend großen Wasserverbrauch. Auf einer ganztägigen Tour in die Wüste von Arizona sind wir kürzlich mit 5 l pro Person gerade gut ausgekommen, obwohl die Temperaturen nur bei 23º lagen. Wären es an diesem Tag 33º gewesen, hätten wir für die gleiche Strecke wahrscheinlich 10 l gebraucht.

✱    Einige Aspekte des **Nachtmarsches** unter Überlebensbedingungen haben wir schon genannt. In vielen Wüstengebieten können kurze Nachtwanderungen sehr gewinnbringend sein. Jeder Teilnehmer muß unbedingt feste Stiefel und Jeans (Baumwollstoff) tragen.

Eine gute Taschenlampe einschließlich Reservebatterien und Ersatzbirnen gehören ebenfalls zur Ausrüstung jedes Einzelnen.

Auf verschiedene Weise werden Trockengebiete nachts lebendig. Viele Wüstentiere sind Nachttiere, und viele Pflanzen blühen auschließlich nachts. Ein spektakuläres Beispiel ist die nachtblühende *Cereus* in der Wüste von Sonora. Diese schlanke und unscheinbare Pflanze trägt eine außerordentlich schöne Blüte. Wir haben einmal nachts fast eine Stunde lang beobachtet, wie eine unglaubliche Zahl verschiedenster Insekten sie anflog. Am folgenden Tag waren es nur einige wenige.

✱ Das Thema **Klimagewöhnung** oder Akklimatisierung hätte in mehreren Kapiteln dieses Buches seinen Platz. Es handelt sich um eine schrittweise Anpassung an die herrschenden Verhältnisse. Gewöhnung an das heiße Wüstenklima kann, wenn sie richtig durchgeführt wird, viele Probleme im Zusammenhang mit der Hitze verringern.

✱ Der Beginn einer Tour **ohne Akklimatisation kann fatale Folgen** haben. Wenn Sie nicht in einem Trockengebiet mit hohen Temperaturen leben und eine Tour (speziell eine mit körperlicher Anstrengung verbundene Wanderung) in einer Wüste planen, sollten Sie wenn möglich schon eine Woche früher in der Gegend ankommen, um sich langsam an die Hitze gewöhnen zu können.
Fangen Sie mit sehr kurzen Strecken an, und dehnen Sie Ihre Unternehmungen nach und nach weiter aus. Mit dem Gewicht des Gepäcks sollte ebenso verfahren werden. Versuchen Sie jedoch nicht, Ihren Wasserverbrauch schrittweise zu senken; das wäre barer Unsinn.

# 17. Autofahren

In der Wüste erwarten den Autofahrer viele mögliche Schwierig-keiten. Zu Hitze, Sonne, Wassermangel und stechenden oder beißenden Tieren kommen noch als Gefahren hinzu: unwegsames Gelände, Sandlöcher, tiefe Fahrrillen (und entsprechend geringere Bodenfreiheit), enge Pisten, Auswaschungen, Steine, große Entfer-nungen zwischen Tankstellen und anderen eventuell hilfeleistenden Stellen, Stacheln und Dornen von Kakteen und anderen Pflanzen usw.

✋ **Besonders vorsichtiges Fahren ist auf unbefestigten Nebenwegen erforderlich.** Wer auf schlechten und engen Straßen nicht langsamer und umsichtiger fährt, bezahlt meistens auf irgend-eine Weise für seine Dummheit.

✱ Bleiben Sie grundsätzlich auf der Straße oder Piste, es sei denn, es gibt keine. Nehmen Sie mit einem motorisierten Fahrzeug keine Abkürzungen quer durchs Gelände. Solche Geländefahrten sind ein gedankenloser und zerstörerischer Sport. Wenn Sie nicht sich selbst oder Ihrem Wagen Schaden zufügen, so doch auf jeden Fall der Wüstenvegetation. In amerikanischen Wüsten sind noch heute Spuren von Panzermanövern aus der Zeit des Zweiten Weltkriegs zu sehen. Auch wenn Ihr Auto kein Panzer ist, bleibt Ihre Spur noch jahrelang der Nachwelt erhalten.

✱ Nehmen Sie sich auf schlechten Straßen immer reichlich Zeit für die Fahrt. Manchmal sind 10 km/h sinnvoll, in anderen Fällen mögen 50 km/h eine risikolose Geschwindigkeit sein. Wenn Sie wegen einer Panne, oder weil ein Fahrzeug steckengeblieben ist, Hilfe holen müssen und die Entfernung zu Fuß schaffen könnten, werden Sie auch bei Tempo 10 oder 20 rechtzeitig ankommen.

✱ Ausreichende Wasservorräte mitzunehmen, ist für Autofahrer nicht wie für Wanderer mit Gewichtsproblemen verbunden. Nehmen Sie stets den Bedarf für mehrere Tage mit - sowohl für sich als **auch für den Kühler.**

✱ Wenn Sie sich festgefahren haben, oder der Wagen mit einer Panne liegenbleibt, sind Sie in vielem in der gleichen Situation wie ein Wüstenwanderer oder Buschläufer. Wenn viel Wasser und ge-nügend Schatten zur Verfügung stehen, sollten Sie sich überlegen, ob es besser wäre, beim Fahrzeug auf Hilfe zu warten, statt einen langen Marsch unter hohen Temperaturen in Kauf zu nehmen.

✳  In einigen Überlebensbüchern steht, daß man auf jeden Fall bei seinem Wagen bleiben soll. Wir haben schon mehrfach betont, daß es **solche Patentrezepte nicht geben kann.** Zugegeben - in manchen Situationen ist dieses Verhalten ratsam, in anderen wäre es ein tödlicher Fehler.

Der Wüstenreisende muß in der Lage sein, alle wichtigen Faktoren und Möglichkeiten abzuwägen und die in seiner speziellen Situation richtige Entscheidung zu treffen.

Ein Auto könnte von Suchtrupps **leichter entdeckt werden** als ein einzelner Fußgänger. Wollen Sie an Ort und Stelle ausharren, sollten Sie die Motorhaube öffnen und Ihre "SOS"- oder "Hilfe"-Plane auf dem Dach anbringen. Halten Sie wenigstens ein bißchen Abstand zum Fahrzeug, da das Metall sehr viel Wärme aufgenommen hat, die Sie meiden müssen. Setzen oder legen Sie sich auch nicht direkt auf den Boden, sondern verwenden Sie einen Reservereifen oder ein Sitzpolster als Unterlage. Wenn Sie unmittelbar bei Ihrem Fahrzeug bleiben müssen, lassen Sie die Fenster herunter und spannen Sie auf der Schattenseite eine Plane.

✳  Lassen Sie zwei **schriftliche Mitteilungen** bei Ihrem Wagen, wenn Sie ihn stehenlassen wollen. Eine klemmen Sie unter den Scheibenwischer, die andere befestigen Sie am Armaturenbrett für den Fall, daß die erste weggeweht wird. Auf beiden muß stehen, in welche Richtung Sie aufgebrochen sind usw.

Es ist vorgekommen, daß Suchmannschaften sehr schnell ein Auto gefunden haben, die dazugehörige Leiche aber erst nach Tagen oder Wochen, weil sie nicht wußten, welche Richtung das Opfer eingeschlagen hatte. Hinterlassen Sie unterwegs **gut sichtbare Zeichen,** die Sie aus Steinen (oder etwas anderem, was ein Regenschauer oder Sturm nicht verwischen könnte) anfertigen.

Sowohl Pfeile als auch kleine Steinhaufen sind möglich. Abgebrochene Zweige sind schwerer zu erkennen, aber besser als nichts. Wenn Sie genügend Papier dabeihaben, können Sie es an Ästen oder Kaktusstacheln aufspießen.

## Tips für das Autofahren

✳  **Flußbetten** sind ein besonderes Problem für Autofahrer. Wenn ein Flußbett offensichtlich lange nicht mehr überquert wurde oder wenn es feucht ist, sollten Sie aussteigen und die Verhältnisse erst einmal zu Fuß überprüfen. Selbst ein scheinbar trockenes Bett könnte dicht unter der Oberfläche matschig oder schlammig sein, und ein Auto würde sich dann sehr schnell darin festfahren.

✳ **Tiefe Fahrrinnen** sind ein Hindernis für manches normale Auto. Auf Wegen, die überwiegend von Lastwagen benutzt werden, sind die Radspuren oft so tief ausgefahren, daß viele Pkw nicht die Bodenfreiheit haben, um ohne Schwierigkeiten voranzukommen.

✳ Die meisten Wagen bleiben vermutlich bei **Wendemanövern** stecken. Suchen Sie sich unbedingt eine Stelle, an der Sie ausreichend Platz und festen Boden unter den Reifen haben. Setzen Sie lieber mehrfach vor und zurück, anstatt eine einzige Runde zu versuchen, und bleiben Sie mit den Antriebsrädern immer auf der Straße. Ein Mitfahrer sollte aussteigen und Sie dirigieren.

✳ Es ist fast immer ratsam, mit **zwei Autos** zu fahren. Mit dem einen können Ersatzteile usw. geholt werden, falls das andere ein

Panne hat. Nehmen Sie auch immer zwei Abschleppseile und Starterkabel mit.

✱  Während der Regenzeit können in Flußbetten, die sonst keinerlei Wasser führen, reißende Flüsse entstehen, und manche Straßen werden rutschig. **Ein Satz Radketten** kann aus manchem Morast wieder heraushelfen, lange Strecken wird man mit ihnen aber nicht zurücklegen können.

✱  Ein **Allrad-Antrieb** ist sicherlich hilfreich auf schlechten Straßen - bei einigen Wüstendurchquerungen sogar ein Muß! Reifen mit stärkerem Profil (Geländereifen) schützen vor Pannen, die durch Kaktusstacheln, Dornen und spitze Steine verursacht werden.

✱  **Breitere Reifen** mit speziellem Profil oder ganz abgefahrene mit wenig Luftdruck sind auf losen, sandigen Böden nützlich. Lassen Sie Luft aus den Reifen aber nur ab, wenn Sie eine Pumpe zum Wiederauffüllen dabeihaben.

✱  Rüsten Sie Ihr Fahrzeug mit einem kleinen **Flaschenzug oder einer Seilwinde** aus. Dazu gehört eine stabile Eisenstange als Anker für den Fall, daß gerade kein Baum oder eine andere natürliche Verankerung in Reichweite ist. Eine Seilwinde (für Handbetrieb oder mit Elektromotor) ist zwar ein hervorragendes Hilfsmittel, kostet allerdings auch eine ganze Menge und ist relativ schwer.
Am Wagen sollten vorn und hinten **am Fahrgestell stabile Haken** montiert sein, damit ein Schleppversuch nicht mit einer abgerissenen Stoßstange bezahlt wird.

✱  Stützen Sie sich **nur auf neue Informationen** über den Zustand einer Straße. Ziehen Sie Karten zu Rate und fragen Sie Einheimische, wenn Sie in einer abgelegenen Gegend unterwegs sind. Manche Straße, die vor einigen Jahren noch befahrbar war, kann in der Zwischenzeit unterspült oder sonstwie unpassierbar geworden sein.
Viele sind zu schmal für ein Wendemanöver, und eine Fahrt im Rückwärtsgang kann sehr schwierig sein. Wenn Sie irgendwelche Zweifel am Zustand der Straße vor Ihnen hegen, sollten Sie **aussteigen und nachsehen,** bevor Sie weiterfahren.

✱ Schnelles **Fahren** führt zu erheblichen Materialschäden und ist im Gelände völlig unangebracht. Überhöhte Geschwindigkeit ist in jeder Hinsicht eine der größten Gefahrenquellen.

✱ Sehr wichtig ist auch der richtige **Reifendruck.** Denken Sie daran, daß er bei Hitze automatisch steigt. Das Verlassen der Straße führt zu zahlreichen Reifenpannen durch Dornen, Stacheln und spitze Steine.

Nach einer Fahrt auf einer Schotterstraße sollten Sie sich das Profil Ihrer Reifen ansehen und spitze Steine entfernen, die sich festgesetzt haben.

✱ Bei hohen Temperaturen muß der Motor durch ein **dickflüssigeres Öl** (SAE 40 oder sogar 50) geschützt werden.

✱ **Hell lackierte Autos** sind innen kühler. Vermeiden Sie es, einen Wagen mit dunklen Sitzen oder dunklem Äußeren zu kaufen oder zu leihen, wenn Sie Wüstentouren oder generell Fahren in "sonnigen" Gebieten vorhaben.

✱ Wenn Sie keinen **Diebstahl** zu befürchten brauchen, sollten Sie die Fenster immer wenigstens einen Spalt offenlassen, um einen Hitzestau zu vermeiden.

✱ **Kameras und Filme** nehmen durch sehr hohe Temperaturen leicht Schaden; bei heißem Wetter ist das Handschuhfach kein geeigneter Aufbewahrungsort dafür. Besser geeignet ist eine Stelle unter den Sitzen oder sonstwo auf dem Autoboden, möglichst in Kleidung u.ä. isolierend eingewickelt.

## Häufige Fahrprobleme

Diese Liste ist sicher nicht vollständig, sie enthält aber viele der üblichen Situationen, in denen Sie sich einmal befinden könnten:

**1. Festgefahren:** Irgendwo steckenzubleiben kann sehr ernste Folgen haben, wenn keine Hilfe in der Nähe ist und Sie nicht entsprechend ausgerüstet sind. Zu tiefe Spurrinnen lassen manches Fahrzeug scheitern. Achten Sie auf Anzeichen, daß auf Ihrer Strecke schon andere Fahrer Pech hatten. Öllachen, Buddel-Löcher, Bremsspuren und Lackspuren an Felsen deuten darauf hin, daß hier Gefahr droht.

✱ Die Überquerung von Flußbetten erfordert besondere Vorsicht - Sie könnten in eine äußerst kritische Situation geraten, wenn Ihr Auto gerade dort steckenbleibt, wo Momente später eine Springflut heranrauscht.

✱ An sehr heißen Tagen **lassen** Sie den **Motor laufen,** auch wenn Sie nur kurz halten (damit die Kühlwasserpumpe weiterläuft).

✱ Wenn Sie nicht allzu tief festsitzen, können Sie sich vielleicht durch Vor- und Zurückstoßen "herausschaukeln". Geben Sie dabei jedoch **nie zuviel Gas,** da durchdrehende Räder Ihre Lage noch verschlimmern würden.

✱ Abschleppseile oder -ketten sind eine große Hilfe, wenn zwei oder mehrere Fahrzeuge zur Stelle sind. Flaschenzüge und Motorwinden sind ebenfalls nützlich.

✋ Halten Sie einen Sicherheitsabstand, **da reißende Seile und Ketten plötzlich zu gefährlichen Peitschen werden können.**

✱ Als Fahrer eines Wagens mit Allrad-Antrieb sollten Sie besonders vorsichtig sein, denn wenn so ein Fahrzeug sich festfährt, bringt es meist auch so leicht nichts mehr von der Stelle.

Wenn die oben genannten Methoden nicht zum Erfolg führen, sollten Sie erst einmal entscheiden, ob es für umfangreichere Maßnahmen nicht im Moment zu heiß ist. Möglicherweise wäre es besser, abzuwarten, bis sich am Abend Luft und Boden abgekühlt haben. Machen Sie Ihre Entscheidung davon abhängig, wieviel Graben und Buddeln und andere Anstrengung erforderlich sein würden.

✱ **Unterfüttern Sie die Reifen.** Um sicherzugehen, machen wir das grundsätzlich bei **allen vier Rädern.** Dafür sind oft zwei Wagenheber erforderlich (überlegen Sie, ob Sie sowohl einen hydraulischen als auch einen großen mechanischen mitnehmen sollten). Legen Sie ein Stück dickes Brett (zu diesem Zweck mitgeführt) unter die Wagenheber, wenn der Boden zu nachgiebig ist.

Bocken Sie vorsichtig erst ein Hinterrad auf und unterfüttern Sie es mit Steinen, Ästen oder anderem, was die Bodenhaftung verbessern und erneutes Einsinken verhindern kann. Senken Sie das Rad wieder ab und verfahren Sie in der gleichen Weise mit den anderen. Nach unserer Erfahrung reichen in einigen Fällen auch lange Teppichstreifen oder Maschendrahtrollen, um freizukommen.

☺ **Nehmen Sie sich Zeit für das Unterfüttern** und machen Sie Ihre Sache gleich beim ersten Mal gut, damit Sie **nicht noch einmal von vorn anfangen müssen,** nachdem die Reifen die gesamte Unterlage einfach **nach hinten weggeschleudert haben.**

Wenn Sie Ihre feste Unterlage fertig haben, senken Sie den Wagen ab und überprüfen noch einmal, ob er mit dem Unterboden nirgends aufliegt. Wenn das der Fall ist, legen Sie ihn mit einer langstieligen Schaufel frei.

Schaufeln (nicht nur ein Schäufelchen) sind ein Muß in jeder Fahrzeugausrüstung bei Unternehmungen in der Wüste.

✱ Manchmal ist es sinnvoll, eine **Rollfläche vor den Vorderreifen** zu graben. Achten Sie darauf, daß die Vorderräder immer **geradeaus** zeigen, wenn Sie starten. Versuchen Sie langsam herauszurollen. Wenn die Räder durchdrehen, graben sie sich nur tiefer ein und verlieren auch grundsätzlich Bodenhaftung.

Möglicherweise müssen Sie auch jetzt noch vor und zurück "schaukeln". Lassen Sie jeden Begleiter, der dazu in der Lage ist, an der Seite schieben.

✳   Es kann die Bodenauflage erhöhen, wenn Sie etwas Luft aus dem Reifen lassen. Tun Sie dies nur, wenn Sie die Luft anschließend auch irgendwie wieder in den Reifen hineinbekommen können.

Mit einer altmodischen Fuß-Pumpe ist das ermüdend, aber möglich. Zündkerzen-Pumpen (deren Füllschlauch an Stelle einer Zündkerze eingeschraubt wird) sind besser, arbeiten allerdings recht langsam. Überlegen Sie, ob sich die Mitnahme einer ausreichenden Zahl von Preßluft-Behältern lohnen würde, um einen Reifen schnell wieder aufpumpen zu können. Manche dieser Dosen enthalten zusätzlich eine Lösung, die kleinere Löcher vorübergehend abdichten kann (Flickspray). Schaffen Sie einen Luftdruckmesser an; falscher Luftdruck kann allerlei neue Probleme schaffen.

**2. Reifenpanne:** Reifenpannen können in vielen Wüstengebieten zu einer kritischen Situation führen, da Hilfe kaum erreichbar ist und die Defekte wegen zahlreicher spitzer Steine, Dornen und Zweige sich häufen können. In lockerem Sand mag es fast unmöglich sein, das Fahrzeug aufzubocken, wenn Sie nicht entsprechend vorbereitet sind.

✳   Kontrollieren Sie vor jeder Abfahrt den Reifendruck und die Reifen selbst, und nehmen Sie immer zwei gebrauchsfertige Räder als Reserve mit. Ebenfalls wichtig ist eine gute Pumpe und ein Pannenset. Widerstandsfähige Spezialreifen vermeiden viele Probleme einschließlich Reifenpannen.

**3. Überhitzung:** Wenn der Motor sehr heiß geworden ist und nach einem kurzen Halt nicht anspringt, obwohl der Anlasser funktioniert, ist Überhitzung eine mögliche Ursache. Warten Sie eine halbe Stunde, damit er sich abkühlen kann, normalerweise springt er dann sofort an. Sie können die Abkühlung beschleunigen, indem Sie die Benzinpumpe und die Benzinleitungen mit feuchten Lappen umwickeln.

**4. Leerer Tank:** Entlegene Wüstenstraßen sind wirklich nicht der geeignete Ort, um mit leeren Tank liegenzubleiben. Es kann Tage oder Wochen dauern, bis der nächste Wagen vorbeikommt. Die Entfernung zwischen zwei Tankstellen kann manchmal mit einem normalen Tank nicht überbrückt werden. Wägen Sie ab, ob der Einbau eines Zusatztanks sich lohnen würde, bedenken Sie dabei aber, daß das neu hinzukommende Gewicht Ihren Benzinverbrauch erhöht.

✳ Auf jeden Fall sollten Sie einen 20 l-Reservekanister aus Metall außen an Ihrem Fahrzeug mitführen. Transportieren Sie Benzin niemals im Wagen selbst - besonders dann nicht, wenn Sie Raucher sind!

**5. Schäden an der Radaufhängung:** Wegen ihrer relativ unge-schützten Lage nahe am Boden ist die Radaufhängung besonders gefährdet durch große Steine. Wenn Sie über einen größeren Felsbrocken gefahren sind, sollten Sie anhalten und das Gestänge überprüfen. Verbogene Stangen kann man oft mit einem Wagenheber notdürftig wieder zurechtbiegen, manchmal auch erst, nachdem man sie ausgebaut und zu diesem Zweck umgekehrt ein-gesetzt hat. Ein Hammer kann ebenfalls - aber nur sehr vorsichtig - verwendet werden.

Sehen Sie jede solcher Maßnahmen grundsätzlich als reines Provisorium an, und lassen Sie den Schaden möglichst bald in einer Werkstatt untersuchen und beheben.

**6. Leck im Benzintank:** Ein defekter Tank kann oft behelfsmäßig mit einem Stück Gummi repariert werden, das von einer Blech-schraube gehalten wird. Sie sollten einen Vorrat solcher Gummi-stücke und Schrauben dabeihaben. Wir haben auch schon einmal ein größeres Loch verstopft, indem wir ein zurechtgeschnitztes Stück Holz mit einem Lappen umwickelt als "Korken" verwendeten.

**7. Leck in der Ölwanne:** Ein Leck in der Ölwanne würden wir nur unter sehr ungewöhnlichen Umständen selbst provisorisch reparieren, da im schlimmsten Falle für den Motor ein Totalschaden dabei herausspringen kann. Auch hier können Schrauben und Gummi-dichtungen manchmal helfen. Grundsätzlich sollte man auch einen **Ölvorrat** mitnehmen.

**8. Stoßdämpfer und Federn:** In schwierigem Wüstengelände sind besonders gute und leistungsfähige Stoßdämpfer erforderlich, die

auch regelmäßig bei Wartungsarbeiten mit überprüft werden sollten. Wenn Sie Ihre Geschwindigkeit verringern, verringern Sie auch
die Wahrscheinlichkeit, daß Probleme auftreten werden.

**9. Probleme mit dem Kühlsystem:** Probleme mit dem Kühler sind
in Wüste und Busch an der Tagesordnung. Viele Fälle können verhindert werden, indem man Zusatzgeräte (besonders die
Klimaanlage) abschaltet, sobald der Motor heißläuft.

✱ Zu Beginn der heißen Jahreszeit sollten Sie den Kühler reinigen und durchspülen lassen. Dem Kühlwasser sollten spezielle
Zusätze gegen Übertemperaturen beigemischt werden. Am Kühler
kann ein Überlaufgefäß angebracht werden, das wenig kostet und
sich schon durch eingespartes Frostschutzmittel rentiert, das sonst
verloren ginge. Mit einem Wasserstrahl können die Zwischenräume
im Kühlergrill vorsichtig ausgewaschen und z.B. von Insekten ge-
säubert werden.

✱ Vor dem Kühler sollte nichts den **Luftstrom behindern.** Ein
vorn angebrachter Reservereifen sollte besser seitlich montiert
werden.

✱ Beim Neukauf eines Wagens sollten Sie überlegen, ob sich
die Anschaffung eines Modells mit extra großem Kühler für Sie lohnen würde. Die Temperaturmessung sollte unbedingt auf Fahrten
im Sommer ausgelegt sein.

✱ Wenn sich eine Überhitzung abzeichnet (was durch eine
richtige Temperaturskala sehr viel besser angezeigt wird als durch
irgendein Warnlämpchen), verlassen Sie die Straße und stellen das
Fahrzeug mit dem Motor zum Wind ab, **ohne die Maschine abzu-
schalten.** Die geöffnete Motorhaube dient als Notsignal und gleichzeitig wird die Luftzufuhr zum Motor verbessert. Lassen Sie unbedingt den Verschluß des Kühlers zugeschraubt, bis der Motor abgekühlt ist (Verbrühungsgefahr)!
Gießen Sie langsam Wasser **über** den Kühler, jedoch **nicht**
über den **Motor.** Wenn die Temperatur nicht sinkt, müssen Sie den
Motor ausschalten und abwarten, bevor Sie weiterfahren können.

✱ Ein Loch in einem Schlauch wird am besten geflickt, indem
der ganze Schlauch ersetzt wird. Es gibt allerdings auch spezielle

Klebebänder für provisorische Reparaturen. Kleine Lecks im Kühler können mit einer geeigneten Zange zugeklemmt werden, außerdem sind Zusätze für das Kühlwasser erhältlich, die solche kleinen Defekte beheben sollen. Wir haben grundsätzlich Reserveschläuche, passende Klemmen, Keilriemen und eine Wasserpumpe dabei.

**10. Bremsleitungen:** Eine undichte Bremsleitung kann mit einer Zange abgeklemmt werden. Anschließend muß der Bremsflüssigkeitspegel und die vorhandene Bremswirkung überprüft werden.

**11. Andere Probleme:** Wir haben über einige der häufigsten technischen Probleme gesprochen, die in der Wüste vorkommen. Darüber hinaus gibt es natürlich viele andere. Mit behelfsmäßigen Reparaturen werden Sie oft bis zu einer Werkstatt kommen, vorausgesetzt, Sie verfügen über ein gewisses Sortiment von Ersatzteilen und Werkzeugen.

## Fahrzeugzubehör und Ausrüstung

Es ist nur allzu leicht, den Wagen mit allerlei Geräten und Ausrüstung zu überladen. Wir erleben immer wieder Leute, die eine Campingtour damit verbringen, einen Generator anzuwerfen, Geschirr abzuwaschen oder sich anderen Alltagspflichten zu widmen. Sie kämpfen dauernd mit der Tücke irgendeines Objekts und haben kaum Zeit, jene Natur zu genießen, wegen der sie eigentlich gekommen waren.

Reisen Sie möglichst ohne Ballast, aber lassen Sie nichts zu Hause, was Sie in einer Notsituation dringend brauchen würden.

Die folgende Liste gehen wir zur Kontrolle vor der Abfahrt durch. Nicht darin enthalten sind Verbrauchsgüter wie Lebensmittel. Fügen Sie hinzu, was Ihnen aus eigener Erfahrung nützlich erscheint, und lassen Sie alles weg, was Sie nicht wirklich brauchen.

## Checkliste Fahrzeugausrüstung

❑    Axt (oder Beil)
❑    Schlafsäcke (einer pro Person)
❑    Keilriemen

- ❏ Decken (Stoff-, Rettungsdecken)
- ❏ Bolzen und Muttern (verschiedene Größen)
- ❏ Abschleppseil
- ❏ Starterkabel
- ❏ Verteilerkappe
- ❏ Teppichreste (ca. 30 x 150 cm)
- ❏ Regenkleidung
- ❏ Zündspule
- ❏ Flaschenzug (mit Ankern)
- ❏ Kompaß
- ❏ Kondensator
- ❏ Kanister (Benzin, Wasser)
- ❏ Kühlwasserzusatz
- ❏ Kühlmittel (Wasser, Eis)
- ❏ Feuerlöscher
- ❏ Ölfilter
- ❏ Leuchtraketen
- ❏ Taschenlampen (eine pro Person)
- ❏ Bremsflüssigkeit
- ❏ Brennstoff für Kocher
- ❏ Lebensmittelkonserven für 3 Tage
- ❏ Dosenöffner
- ❏ Sicherungen
- ❏ Dichtungen (vorgestanzter Bogen oder Tubenmasse)
- ❏ Benzin (mind. 20 Liter)
- ❏ Handschuhe
- ❏ Hammer
- ❏ Schläuche (Heizung, Kühler)
- ❏ Wagenheber
- ❏ Notfallausrüstung (☞ Kapitel 12)
- ❏ Verbandskasten
- ❏ Reifenflickzeug
- ❏ Messer
- ❏ Landkarten
- ❏ Signalspiegel

- ❏ Motoröl
- ❏ Notizblock
- ❏ Toilettenpapier
- ❏ Schreiber
- ❏ Zündkerzen
- ❏ Holzplatte (stark genug als Unterlagen für Wagenheber)
- ❏ Unterbrecherkontakte
- ❏ Benzinpumpe
- ❏ Wasserpumpe
- ❏ Luftpume
- ❏ Leckschutzmittel für Kühler
- ❏ Säge
- ❏ Blechschrauben (verschiedene Größen)
- ❏ Bettlaken mit "Hilfe" oder "SOS"
- ❏ Langstielige Schaufel
- ❏ Seife
- ❏ Federn (verschiedene Größen)
- ❏ Kleiner Kocher
- ❏ Sonnenbrille(n)
- ❏ Isolierband
- ❏ Schlauchreparaturband
- ❏ Plastikplane
- ❏ 2 gebrauchsfertige Reserve-Reifen
- ❏ Handtücher (Stoff-, Papiertücher)
- ❏ Kochzubehör
- ❏ Metall- und Gummidichtungen
- ❏ Wasser (mindestens 50 Liter)
- ❏ Draht (isoliert, unisoliert)
- ❏ Zündkerzenschlüssel
- ❏ Sonstiges Werkzeug

# 18. Flugzeug

Da wir selbst keine Piloten sind, haben wir uns mit der Bitte um Tips an die Amerikanische Flieger-Vereinigung gewandt. Diese hat eine Broschüre "Tips für das Wüstenfliegen" herausgegeben, der wir die folgenden Hinweise entnommen haben.

Dieses Kapitel kann nur sehr allgemein informieren. Piloten sollten sich unbedingt von erfahrenen Kollegen beraten lassen und die genannte Schrift beziehen.

✻ Es wird empfohlen, nach Möglichkeit nur über häufig benutzte Strecken zu fliegen, z.B. Eisenbahnlinien oder Fernstraßen. Letztere könnten eventuell als Piste für eine Notlandung dienen. Es muß grundsätzlich ein regulärer Flugplan erstellt werden. Nehmen Sie mindestens 5 l Wasser mit, am besten verteilt auf mehrere bruchsichere Behälter. Sonnenbrille und Hut sollten ebensowenig fehlen wie die Notfallausrüstung. In der genannten Veröffentlichung werden weitere Ausrüstungsgegenstände empfohlen.

✻ Der Pilotenverband warnt davor, den Motor bei Vollgas warmlaufen zu lassen. Der Sand würde sowohl den Motor als auch den Propeller ruinieren. Höhere Temperaturen und eine größere Höhe über Normalnull in manchen Wüstengebieten werden die Leistung Ihrer Maschine beeinflussen.

✻ Machen Sie sich mit den Eigenschaften beim Abheben und Steigen unter Wüstenbedingungen vertraut. Beim Fliegen in Wüsten müssen grundsätzlich längere Wege für Start und Landung (wegen der heißen und deshalb dünneren Luft) kalkuliert werden. Sprechen Sie über diese Probleme mit erfahrenen Kollegen.

✻ Winde (☞ Kapitel 8) können das Flugzeug in gefährlicher Weise beeinflussen. Selbst eine Windhose kann eine Maschine beim Rollen kippen. Wenn Sie nicht ausweichen können, sollten Sie die Geschwindigkeit so wählen, daß Sie die größtmögliche Kontrolle behalten. Wenn möglich, sollten Sie solange in der Schleife warten, bis die Windhose die Landebahn verlassen hat. Landungen mit dem letzten Tropfen Sprit in schwierigem Gelände sind zu vermeiden.

✻ **Landen Sie, solange noch Sprit im Tank ist**. Nach einer Notlandung in einer einsamen Gegend ist ein Pilot praktisch in der gleichen Lage wie ein Wanderer, der aus irgendwelchen Gründen im Gelände festsitzt. In vielen Fällen ist er sogar noch weiter von irgendwelcher Hilfe entfernt als der Wanderer.

Sein Vorteil ist, daß ein Flugplan existiert und er über Funk Hilfe rufen kann, die sein Flugzeug wegen seiner Größe auch relativ leicht finden wird. Er hat wahrscheinlich einen Vorrat an Wasser, Lebensmitteln und Sonstigem zur Verfügung, und auch für einen Wetterschutz ist gesorgt. Treibstoff und Öl können für Notsignale verwendet werden.

Das Überleben nach einer Notlandung hängt von vielen Faktoren ab. Auch hier helfen Planung und Vorbereitung ein ganzes Stück weiter und erhöhen die Chancen wesentlich.

# 19. Pflanzen

Wir haben an anderer Stelle schon kurz über die Möglichkeit gesprochen, sich in Überlebenssituationen durch Wüstenpflanzen zu ernähren. Wir glauben, daß die Verwendung solcher pflanzlicher Ersatznahrung nur in den wenigsten Fällen über Leben oder Tod entscheidet.

Es ist zwar immer möglich, solche Notmahlzeiten herzustellen, aber doch bei weitem nicht so leicht, wie die Autoren einiger Überlebensbücher es gern darstellen. Von manchen, die die Wüste als Paradies voll wohlschmeckender Nahrung und guten Trinkwassers beschreiben, haben wir den Eindruck, sie waren noch nie selbst in einer Wüste - oder haben einen merkwürdigen Geschmack.

## Wildpflanzen als Nahrung

Wir gehen nun noch einmal näher auf das Sammeln von eßbaren Wildpflanzen ein und überlassen die endgültige Entscheidung in diesem Punkt Ihnen.

Da viele dieser Pflanzen für unsere Verdauungsorgane recht ungewohnt sind, sollten auch **negative Reaktionen auf definitiv ungiftige Arten** in Betracht gezogen werden.

Viele harmlose Gewächse haben gefährliche Doppelgänger, die der Laie kaum unterscheiden kann. Auch eine sehr leichte Erkrankung kann in der Wüste den Ausschlag geben, ob ein Überlebender gerettet oder eine Leiche geborgen wird.

Wir haben einige Bücher über eßbare (Wüsten-)Pflanzen durchgearbeitet und manche der beschriebenen Arten selbst ausprobiert. Unsere Versuche erheben allerdings keinen Anspruch auf Vollständigkeit oder Wissenschaftlichkeit.

Zu bestimmten Zeiten - vor allem im Spätsommer - haben wir ein reichhaltiges Angebot eßbarer Pflanzen vorgefunden. Dies ist jedoch nicht immer so, und man kann sich nicht darauf verlassen, sondern muß genügend Nahrungsmittel mitnehmen.

Außerdem sollte man zur Vermeidung von Risiken folgende Punkte beachten:

1. Auch wenn es eine große Zahl eßbarer Pflanzen und Pflanzenteile gibt, sind viele doch nur **zu bestimmten Jahreszeiten** vorhanden und ihre **Häufigkeit variiert** von Jahr zu Jahr.

2. Nicht an jeder Stelle kommen eßbare Gewächse vor. In der Tat gibt es Gegenden, wo auf mehreren Quadratkilometern **nicht ein Einziges** gefunden werden kann.

3. In manchen Fällen würde man einen Botaniker brauchen, um bestimmte Pflanzen **mit Sicherheit zu identifizieren**.

4. **Der Nährwert** vieler Wüstenpflanzen ist bisher nicht untersucht worden. Ob sie tatsächlich die nötigen Kalorien liefern, ist in vielen Fällen zweifelhaft.

5. Mit dem Sammeln der Pflanzen sind **oft Risiken verbunden**, die im Normalfall kaum der Erwähnung wert wären, in einer Notsituation aber zur Katastrophe führen können. Dazu gehören unnötige Einwirkung von Sonne und Wind, Abhänge, lose Felsbrocken, Stacheln und Dornen usw.

6. Einige Wüstenpflanzen müssen erst **besonders zubereitet** werden, bevor sie wirklich eßbar sind.

7. In einigen Fällen ist noch nicht abschließend festgestellt worden, ob nicht **doch Giftigkeit vorliegt**. Die Jojoba-Nuß, die zu den eßbaren Früchten zählt, war in Laborversuchen in großen Mengen für Mäuse giftig. Wir haben zwar selbst einige ohne Schaden gegessen, halten aber eine weitere Untersuchung dieser und anderer Pflanzen für erforderlich.

Wir glauben, daß es nicht sinnvoll ist, einzelne eßbare Wüstenpflanzen genau zu beschreiben und abzubilden. Die Gründe haben wir bereits genannt. Sollten Sie sich mit dem Thema hobbymäßig näher befassen wollen, sollten Sie andere Quellen heranziehen und diese jeweils einer kritischen Prüfung unterziehen. Tragen Sie stets zum Erhalt der Natur bei, indem Sie nur die Früchte, Nüsse usw. sammeln und den Rest der Pflanze in Hinblick auf das nächste Jahr stehenlassen.

## Giftige Pflanzen

Es ist zwar nicht häufig, daß jemand sich mit einer Wüstenpflanze vergiftet, aber auch nicht ausgeschlossen. Auch in diesem Punkt sollten Sie sich aus anderen Quellen näher informieren, wenn das Thema Sie interessiert.

Sollten Sie sich zum Verzehr von Wildpflanzen entscheiden, gehen Sie besser **nicht nach irgendwelchen Faustregeln** vor. Schlechter Geschmack, rote Beeren und milchiger Saft kennzeichnen zwar einige, aber durchaus nicht alle Giftpflanzen.

Wir schlagen folgenden Grundsatz vor: "**Essen Sie nie eine Pflanze**, die Sie nicht mit Sicherheit kennen, die nicht mit Sicherheit ungiftig ist und die Sie nicht mit Sicherheit gut vertragen." Was dem einen bekommt, kann dennoch für den anderen ungenießbar sein.

Eine Pflanze möchten wir besonders erwähnen, die zwar nicht heimisch ist, in der Nähe menschlicher Siedlungen und auf Campingplätzen aber häufig vorkommt, nämlich der pinkfarbene **Oleander**. Er ist sehr giftig, und für eine Erkrankung würde es schon reichen, einen Oleanderzweig zum Aufspießen beim Braten von Würsten zu verwenden. Warnen Sie vor allem auch Kinder unbedingt vor dieser Gefahr.

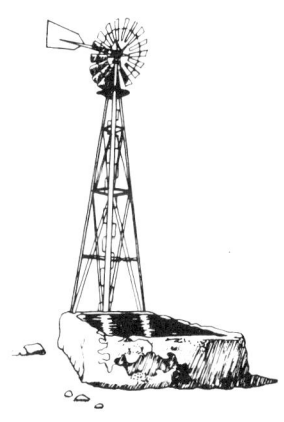

# 20. Tiere

Über kaum ein Thema gibt es so viele Gerüchte und Fehlinformationen wie über die Tiere der Wüste. Tatsächlich ist die Wahrscheinlichkeit, daß Sie an dem Biß oder Stich eines giftigen Tieres sterben könnten, äußerst gering. Wegen der großen Sorgen, die viele Menschen in diesem Zusammenhang hegen, behandeln wir das Thema ausführlicher, als es eigentlich notwendig wäre.

## Schlangen und Schlangenbisse

Die Liste der verleumdeten Wüstentiere wird zweifellos von den Schlangen angeführt. Zwar gibt es einige giftige Arten und einige Menschen werden von ihnen gebissen (von denen in der Tat ein paar wenige sterben), doch die Chancen, durch einen von Menschen verursachten Unfall ums Leben zu kommen, sind erheblich größer.

In den Vereinigten Staaten sterben im Jahr durchschnittlich zehn Menschen durch Schlangenbisse. Wenn man berücksichtigt, daß viele dieser Fälle gar nicht in der Wüste passieren, wenigstens manchmal eine unzureichende Erste Hilfe der eigentlich tödliche Faktor war und viele der Opfer bei dem Versuch gebissen wurden, die Schlange zu fangen, wird deutlich, daß für den Wüstenwanderer diese Gefahr kaum jemals droht.

✳  **Klapperschlangen** sind im allgemeinen leicht zu erkennen. Sie haben einen großen Kopf von der Form eines breiten Dreiecks. Am Schwanzende befindet sich die Klapper aus mehreren Hornringen; sie kann gelegentlich fehlen. Die Musterung des Rückens ist relativ leicht zu erkennen. Auch nichtgiftige Schlangen können durch Vibrieren des Schwanzes in trockenem Laub oder Gras das Klappern täuschend echt nachahmen

✳  Schlangen sind **bei Kälte grundsätzlich träger**, und einige Arten fallen für den gesamten Winter in Winterstarre. Eine Regel gibt es für Klapperschlangen allerdings nicht - man kann ihnen praktisch jederzeit begegnen. In warmen Nächten, besonders nach Regenfällen, sieht man sie wohl am häufigsten.

Ebenfalls nicht ungewöhnlich ist es, daß sie sich abends auf dem noch warmen Asphalt einer Wüstenstraße zusammenrollen. In kühlen Morgenstunden haben wir einige gesehen, die sogar zum Klappern noch zu steif waren. Aber selbst an kalten Tagen können sie doch durch Sonnenstrahlen genug Wärme aufgenommen haben, um überraschend lebendig zu reagieren.

✱    Die meisten Schlangen **werden Ihnen aus dem Weg gehen** und verschwinden. Wir kennen Wanderer, die fast auf jeder Wanderung Klapperschlangen sehen oder hören (sagen sie). Aber obwohl wir mittlerweile schon zwei Bücher über das Wandern in Arizona und Texas geschrieben haben (wo diese Tiere durchaus vorkommen), ist uns auf unseren Wanderungen nie eine begegnet.

Sicher sind wir oft dicht an ihnen vorbeigegangen, und in anderen Situationen und an anderen Orten haben wir schon oft welche beobachtet.

Meist wird man eine Klapperschlange hören, bevor man sie überhaupt mit dem Auge ausmachen kann, jedoch wird man nicht grundsätzlich vor jedem Biß erst gewarnt. Das Klapperschlangengeräusch ist von Art zu Art sowohl in der Lautstärke als auch im Typ unterschiedlich. Manchmal ertönt nur ein schwaches Summen wie von einem Insekt, in anderen Fällen wird ein charakteristisches und unüberhörbares Schnarren erzeugt.

✱    Eine ganze Reihe verschiedener Klapperschlangen-Arten kommt in den Wüsten der südwestlichen USA vor. Manche findet man in ganz unterschiedlichen Umgebungen, andere nur unter bestimmten Bedingungen.

Die häufigsten Vertreter der Familie sind: die schwarzschwänzige Klapperschlange (*Crotalus molossus*), die Mohave-Klapperschlange (*C. scutulatus*), die gehörnte Klapperschlange (*C. cerastes*), die gefleckte Klapperschlange (*C. mitchelli*), die getigerte Klapperschlange (*C. tigris*) und die Diamantrücken-Klapperschlange (*C. atrox*).

Alle Klapperschlangen gehören zur Gattung *Viparidae*, den sogenannten Grubenottern. Der Name bezieht sich auf eine Vertiefung zwischen Augen und Nasenlöchern, die als zusätzliches "Wärme-Auge" dient, mit der warmblütige Beutetiere im Dunkeln "gesehen" werden.

✱    Das Klapperschlangengift enthält Nervengifte, gewebezerstörende Stoffe und solche, die eine Verklumpung des Blutes verhindern (und damit die Ausbreitung im Körper fördern). Die Anteile der einzelnen Substanzen in der Lösung sind ebenfalls von der jeweiligen Art abhängig.

Die Fangzähne sind sehr groß und sitzen am Oberkiefer vorn. Sie werden bei einem Biß ausgeklappt, und grundsätzlich kann man sagen, daß bei **größeren Schlangen auch mehr Gift** injiziert wird und der Biß entsprechend gefährlicher ist. Allerdings spielen noch eine ganze Reihe anderer Faktoren bei der Beurteilung der Gefährlichkeit eine Rolle, besonders auch, ob die Schlange lange nicht mehr gefressen hat (was wahrscheinlich die Giftmenge vergrößert).

Es kommt durchaus vor, daß bei einem Biß gar kein Gift injiziert wird. Die Fangzähne hinterlassen im Normalfall zwei deutliche Bißspuren, zwischen denen noch einige kleinere liegen können, die von den anderen Zähnen stammen. Der Biß einer ungiftigen Schlange hinterläßt ausschließlich eine Reihe solcher kleinen Bißspuren.

✻   Die Empfehlungen für eine **Erste Hilfe** haben sich im Laufe der Jahre geändert und wurden erheblich verbessert. Machen Sie sich mit dem jeweils neuesten Stand des Wissens gründlich vertraut, und stellen Sie Ihr Verbandszeug entsprechend zusammen. Einige der früher befürworteten Methoden verursachten einen größeren Schaden als das Gift selbst, und in einigen Fällen konnte nachgewiesen werden, daß das Opfer an Erster Hilfe, nicht an Schlangenbiß starb. Manchmal war überhaupt kein Gift in die Wunde eingedrungen, wenigstens einmal hatte es sich gar nicht um eine Giftschlange gehandelt.

☺ Eine Regel sollte bei jedem Biß einer Giftschlage beachtet werden: Das Opfer sollte sich so ruhig wie irgend möglich verhalten, um eine Beschleunigung des Kreislaufs zu vermeiden. Jedes Herumlaufen und jede panische Reaktion werden erhebliche Probleme herbeiführen.

Der Gebissene wird hingelegt und das verletzte Glied tief gelagert. Nach dem Abdecken der Bißstelle stellen Sie eine venöse Stauung her (mittels eines Tuchstreifens oder dünnen Schlauches), um den Blutrückstrom zum Herz zu verringern. Die Stauung muß alle halbe Stunde für einige Minuten gelockert werden.

Die Wunde nicht manipulieren (kein Schnitt oder Sonstiges). Die Wunde mit einer Saugpumpe (aus einem Schlangebesteck) aussaugen, nicht mit dem Mund. Das betroffene Glied stellen Sie nun ruhig und legen möglichst kalte Umschläge auf. Dem Gebissenen geben Sie warmen Kaffee oder Tee zu trinken; Schmerz- und Beruhigungsmittel sowie Alkohol sind falsch!

✋ Der Gebissene sollte keinen Versuch unternehmen, die Schlange zu fangen, da die Symptome selbst völlig ausreichen werden, gegebenenfalls eine Vergiftung festzustellen. Viele der ernsten Bißverletzungen kamen zustande, wenn jemand eine **Klapperschlange zu fangen** versuchte. Gerade dann wird an empfindlichen Körperstellen (Arme usw.) wesentlich mehr Gift injiziert, als es durch Jeansstoff oder Stiefelleder hindurch möglich gewesen wäre.

Der Arzt wird von Fall zu Fall entscheiden, ob ein Serum angebracht ist (viele Ärzte haben allerdings noch nie mit einem Schlangenbiß zu tun gehabt). Typische Symptome eines Klapperschlangenbisses sind Schmerzen und Schwellungen. Manche Menschen vertragen allerdings das Serum genauso wenig, und ein Arzt wird dies vorher prüfen.

✳ Die in Arizona vorkommende **Korallenschlange** (*Micruroides euryxanthus*) gehört zur Familie der *Elapidae*, die auch die Kobras einschließt. Man wird nur sehr selten eine zu Gesicht bekommen, da sie in unterirdischen Höhlen leben und nur gelegentlich an die Oberfläche kommen.

Die meisten Tiere sind recht klein, oft nur 50 cm lang. Sie sind farbenprächtig, sollten aber grundsätzlich nicht gefangen oder verletzt werden. Die Oberseite des Kopfes ist schwarz, der Körper rot, schwarz und hellgelb geringelt. Zwischen jedem roten und schwarzen ist ein hellgelber Ring. Diese Farbfolge ist einzigartig, und wenngleich es auch andere Schlangen gibt, die hauptsächlich rot oder schwarz oder gelb sind, ist die Korallenschlange doch unverwechselbar.

Als Unterarten kommen in Amerika die Langnasen-Schlange, die Milchschlange, die Sonorische und die Kalifornische Berg-Königsschlange vor.

Es wäre falsch, wollte man die Korallenschlange als tödliche Schlange bezeichnen. Da der Kopf bei den meisten Arten sehr klein ist und die Zähne nicht wie bei der Klapperschlange beweglich sind, müßte sie schon eine dünne Hautfalte zu fassen bekommen, um wirksam beißen zu können. Zwar ist das Gift von der Zusammensetzung her hochwirksam und lähmend, ein Todesfall wurde dennoch bisher nicht bekannt.

## Echsen

Es gibt auf der ganzen Welt nur **zwei giftige Echsenarten**. Beide kommen in Wüstengebieten vor. Die Gila-Krustenechse (*Heloderma suspectum*) lebt in Arizona und im Norden Mexikos. Die Skorpion-Krustenechse (*H. horridum*) ist in ihrer Verbreitung auf Mexiko beschränkt. Durch Unkenntnis wurden diese interessanten Tiere fast ausgerottet. In Arizona sind sie zwar seit einiger Zeit durch Gesetz geschützt, doch reicht das in der Praxis nicht aus.

✳   Die **Gila-Krustenechse** wird etwa 30 Zentimeter lang und hat einen kräftigen Schwanz. Die Haut ist in einem deutlichen Streifenmuster gezeichnet, die Streifen sind rötlich, der Untergrund schwarz. Der Kopf ist groß und rundlich. Durch ihre normalerweise langsamen Bewegungen, oft mit Pausen, um zu züngeln, wirkt sie recht träge, beinahe tolpatschig.

Auf Angriffe und Fangversuche reagiert sie jedoch sehr schnell und beißt mit außerordentlich kräftigen Kiefern nach der Hand, die sie berührt. Dabei wird zwar kein Gift injiziert, es fließt jedoch an den Zähnen entlang in die Wunde. Die Gila-Krustenechse ist in keiner Weise aggressiv und wird niemanden angreifen, der sie in Ruhe läßt.

Wir sind nur auf einen einzigen Bericht über einen Todesfall im Zusammenhang mit einem Gila-Biß gestoßen, und einiges spricht dafür, daß dort nicht allein das Gift eine Rolle gespielt hat. Sollte jemand es schaffen, sich aus Dummheit beißen zu lassen, muß unbedingt ein Arzt aufgesucht werden.

✻ Über Bisse der **Skorpion-Krustenechse** mit tödlichem Ausgang ist uns nichts bekannt geworden, doch ist ein solcher nicht völlig auszuschließen, da es in mexikanischen Dörfern nur selten schriftliche Informationen über diese Dinge gibt. Beide Echsenarten sehen ähnlich aus, und die Zusammensetzung ihres Giftes ist wahrscheinlich ebenfalls vergleichbar.

## Skorpione

**Alle Skorpione sind giftig**, doch ist eine Art in den USA vor allem für die vorkommenden Todesfälle und ernsten Erkrankungen verantwortlich. Der Schuldige ist der Borken-Skorpion (*Centruroides sculpturatus*).

Skorpione sind ausnahmslos leicht zu erkennen. Sie haben acht Beine, zwei spitz zulaufende Greifzangen, einen gegliederten Körper und einen ebenfalls gegliederten Schwanz. Letzterer ist am Ende verbreitert, sehr biegsam, und mit ihm wird nach allem gestochen, was den Kopf oder Rücken berührt. Skorpione sind fast ausschließlich Insektenfresser.

✻ Der **Borken-Skorpion** ist mit etwa acht Zentimetern Länge ein recht kleiner Vertreter seiner Familie. Er ist schmal gebaut und hellfarben (eine Unterart besitzt ein dunkles Rückenmuster). Am Schwanz befindet sich ein kleiner Gift-"Zahn", der mit bloßem Auge aber kaum zu erkennen ist.

Es gibt noch weitere tödliche Arten in Mexiko, und einige amerikanische stehen in Verdacht, es zu sein.

In der Vergangenheit haben Skorpione in Arizona mehr Menschenleben gefordert als Klapperschlangen. Seit 1924 sollen dort 64 Menschen an Skorpionstichen gestorben sein, dagegen nur 19 an Klapperschlangenbissen. Zwischen 1960 und 1969 gab es vier Todesfälle, ein Zeichen für die verbesserten medizinischen Behandlungsmöglichkeiten.

Für Centruroiden-Opfer steht in den gefährdeten Gebieten in den meisten Krankenhäusern ein Serum bereit. Tote durch Skorpionstiche soll es auch in Texas, Kalifornien und Mexiko gegeben haben.

✳ Wo Skorpione leben, sollten Sie unbedingt bestimmte Vorsichtsmaßnahmen ergreifen. Wir sind bereits dreimal gestochen worden, und jedesmal war es in einem alten indianischen Backsteinhaus in Tombstone in Arizona. Dort wimmelte es von Skorpionen, und es ist eigentlich verwunderlich, daß es uns nicht noch öfter erwischte.

☺ Mineraliensammler, die mit UV-Lampen nachts unterwegs sind, um fluoreszierende Steine zu finden, sollten sich in Acht nehmen, da auch manche Skorpione in ultraviolettem Licht fluoreszieren. Der Borken-Skorpion kann mit Leichtigkeit in einen Spalt von nur 2 mm Breite schlüpfen.

Sie sollten Schlafsäcke, Hemden, Stiefel, Socken und Betten ständig **kontrollieren.** Tragen Sie Handschuhe, wenn Sie mit altem Holz, Kartons oder Müll umgehen müssen. Laufen Sie auch im Haus nicht barfuß herum, wenn in der betreffenden Gegend Skorpione leben.

✳ Wer gestochen wurde, sollte zum Arzt gehen, da manche Menschen auf das Gift besonders heftig reagieren. Besonders Kinder, Kranke und ältere Menschen sind gefährdet, wenn medizinische Hilfe unterbleibt.

Der Stich ist örtlich sehr schmerzhaft, das umgebende Gewebe schwillt an und wird gefühllaub. Möglicherweise bekommen Sie ein mehrtägiges Fieber. Gehen Sie vor wie bei einem Schlangenbiß (siehe dort). Tragen Sie eine Antihistaminsalbe auf die Stichstelle auf, und nehmen Sie, falls nötig, Antihistamintabletten.

## Spinnen

**1. Schwarze Witwe:** Die Weibchen der Familie Lactrodectus sind im allgemeinen leicht zu erkennen. Der Körper schimmert **schwarz oder braun,** und an der Unterseite des Bauches befindet sich eine Zeichnung, **die an eine rötliche Sanduhr erinnert.**

Die Männchen sind anders gefärbt und nicht giftig. Die Netze der Schwarzen Witwe sehen meist aus, als hätten sie nicht genug Zeit gehabt oder früher im Schulfach Netzbau ständig gefehlt.

Die Weibchen hängen häufig mit dem Kopf nach unten in ihrem Netz, wo man auch die abgelegten Eier in ihrer Hülle leicht ausmachen kann. In manchen Gebieten sind sie ausgesprochen häufig; unter einer am Boden liegenden Kühlschranktür fanden wir einmal 50 Stück.

Ausgehöhlte Kakteen, alte Pappkartons, Holzhaufen, Schuppen, die Unterseite alter Waschbecken und Schutthaufen sind beliebte Behausungen. Seien Sie in alten Häusern besonders vorsichtig.

Menschen werden von der Schwarzen Spinne meist gebissen, wenn sie unbeabsichtigt mit ihr in Berührung kommen. Schmerzen und Übelkeit sind die Folgen, auch wenn man den Biß vielleicht gar nicht gespürt hat. Das Gift enthält lähmende Stoffe, und wenn Todesfälle auch selten sind, so kamen sie doch vor. Wiederum sind Kinder, Kranke und ältere Menschen besonders gefährdet. Wer von einer Schwarzen Spinne gebissen wurde, sollte unbedingt einen Arzt aufsuchen.

**2. Einsiedlerspinnen:** In den Wüsten der südwestlichen USA leben verschiedene Arten der Einsiedlerspinne. Sie werden dort auch als Geigenspinnen bezeichnet, da eine **geigenähnliche Zeichnung auf dem Rücken** zu erkennen ist.

Der Biß ist kaum oder gar nicht schmerzhaft, und viele Opfer merken erst später, daß sie gebissen worden sind. In einigen Fällen kommt es zu einer allgemeinen körperlichen Reaktion und sehr selten auch zu Todesfällen. An der Bißstelle entsteht eventuell ein Geschwür mit absterbenden Gewebsrändern, das nur langsam heilt. Wir haben Einsiedlerspinnen in toten ausgehöhlten Saguaro-Kakteen beobachtet, doch wird man ihnen wohl auch an anderen Stellen begegnen können.

# Andere wirbellose Tiere der Wüste

Es gibt noch eine Reihe weiterer wirbelloser Tiere in der Wüste, die giftig sind oder die man für giftig hält. Einige sind trotz ihres recht gruseligen Äußeren sehr nützlich und interessant.

**1. Taranteln:** Diese großen, behaarten Spinnen treten manchmal massenhaft auf. In bestimmten Gegenden haben wir beobachtet, wie sie im Spätsommer scharenweise die Wüstenstraßen überquerten. Auf ihren Wanderungen wird man hauptsächlich die Männchen sehen. Bei beiden Geschlechtern sind die Beißzangen sehr ausgeprägt und man wird sich von ihnen einen wohlverdienten Biß einhandeln, wenn man Taranteln nicht in Ruhe läßt. Diese Spinnen sind außerordentlich nützliche Tiere, und manche werden mehr als zehn Jahre alt.

**2. Honigbienen:** Bienen kommen in allen amerikanischen Wüsten vor, besonders in der Nähe landwirtschaftlich genutzter Flächen, aber auch in entlegenen Bergtälern. Die Völker bewohnen oft hohle Baumstämme. In den USA haben Bienen mehr Todesfälle verursacht als alle anderen giftigen Tiere zusammen. Sollten Sie zu den Menschen gehören, die auf Bienenstiche heftig reagieren, ist nach einem Stich dringend Erste Hilfe erforderlich. Sie sollten entsprechende Medikamente von vornherein mitnehmen.

Andere Personen werden kaum oder gar keine Probleme mit einem solchen Stich haben. Vermeiden Sie es, beim Entfernen des Stachels die Giftdrüse noch weiter zu entleeren. Wischen Sie den Stachel in die dem Einstich entgegengesetzte Richtung ab.

**3. Samtameisen:** Eigentlich handelt es sich um Wespen, jedoch sind die Weibchen flügellos. Man sieht sie häufig auf dem Wüstenboden umhereilen. Sie sehen flauschig aus und kommen in fast allen Farben vor - aber auch die hübschesten stechen sehr schmerzhaft zu, wenn man sie nicht ihrer Wege ziehen läßt.

**4. Ameisen, Wespen, Hornissen:** Von allen gibt es in den Wüsten zahlreiche Arten. Fast alle beißen oder stechen und manche können beides. Lassen Sie sich nicht mit ihnen ein, manche Menschen sind auch gegen den Stich einiger dieser Insektenarten allergisch.

**5. Moskitos und andere saugende Insekten:** Diese treten zu bestimmten Jahreszeiten auf und sind hauptsächlich eine Belästigung, wenn ein ganzer Schwarm sich auf Ihnen niederläßt. Insektenabweisende Mittel helfen dagegen je nach Sorte mehr oder weniger gut. Auf jeden Fall sollte Ihr Zelt insektensicher sein.

**6. Riesen-Hundertfüßler:** Sie können bis 30 Zentimeter lang werden und leben unter Steinen oder altem Holz. Ihr Biß kann schmerzhaft sein, die Giftwirkung ist jedoch gering. In wenigen Fällen traten Geschwüre an der Bißstelle auf. Der Hundertfüßler ist kein aggressives Tier und wird sich lediglich wehren, wenn man ihn aufheben will oder auf ihn tritt.

**7. Riesen-Tausendfüßler:** Nach Regenfällen im Spätsommer kann man diese Tiere gelegentlich beim Überqueren von Wüstenstraße sehen. Wenn man sie anfaßt, rollen sie sich meist zusammen und sondern ein Sekret ab, das nicht in die Augen kommen sollte. Sie sind nicht giftig und beißen nicht.

**8. Sonnenspinnen:** Man trifft meist nachts auf sie, wenn sie auf dem Fußboden alter Gebäude auf Jagd gehen. Sie bewegen sich sehr schnell, und man erschrickt wohl eher aufgrund ihres plötzlichen Auftauchens. Furchterregend sehen sie nicht aus und Giftdrüsen haben sie nicht.

**9. Jerusalem-Grillen:** Diese ungewöhnlichen Insekten findet man unter Steinen. Sie sind mit den Grashüpfern verwandt und sehen ebenfalls etwas gruselig aus. Giftig sind sie nicht, stechen aber zu, wenn man sie in die Hand nimmt.

**10. Spitznasen-Käfer:** Sie kommen häufig in den Bauen der Waldratte vor. So wird ein Camper auch nur mit ihnen zu tun haben, wenn er sein Zelt zufällig in der Nähe eines solchen Baus aufschlägt. Diese Insekten saugen Blut und können Krankheiten übertragen, was aber in den USA offenbar nicht häufig vorkommt. Andere Arten sind in Südamerika allerdings für zahlreiche Ansteckungen verantwortlich.

## Vorsichtsmaßnahmen

Im folgenden haben wir eine Liste von Verhaltensregeln zusammengestellt, die jeder Wüstenreisende beherzigen sollte, um Bisse und Stiche möglichst zu vermeiden. Natürlich wird auch der Vorsichtige sich nicht restlos vor giftigen Tieren schützen können.

**1. Passen Sie auf, wo Sie hintreten** - besonders dort, wo der Boden nicht übersichtlich ist. Bücken Sie sich nicht nach einem Stein oder ähnlichem, ohne vorher die direkte Umgebung nach einer zusammengerollten Klapperschlange abgesucht zu haben.

Sehen Sie ständig auf den Weg vor sich und an die Seiten. Bergsteiger sollten nicht blindlings in einen Felsvorsprung hineingreifen, auf dem sich eine Klapperschlange sonnen könnte.

**2. Gehen Sie nachts nicht ohne Taschenlampe.** Zwar entstehen die meisten Verletzungen im Dunkeln durch Stürze, aber auch von den besonders nach Sonnenuntergang aktiven giftigen Tieren geht Gefahr aus. Klapperschlangen rächen sich in aller Regel, wenn man auf sie tritt.

**3. Machen Sie sich mit dem typischen Warngeräusch der Klapperschlangen vertraut,** und achten Sie darauf, wenn Sie unterwegs sind. Sobald Sie das Schnarren hören, sollten Sie versuchen, die Richtung zu bestimmen und dann einen weiten Bogen um diesen Punkt zu machen. Mehr will auch die Klapperschlange nicht von Ihnen.

**4. Eine große Zahl von Klapperschlangenbissen passieren bei Fangversuchen.** Es ist sogar vorgekommen, daß der Fänger durch die dicken Beutel hindurch gebissen wurde, in denen man gefangene Giftschlangen transportiert. Lassen Sie alle Schlangen in Ruhe!

☺ Beobachten Sie sie aus **sicherer Entfernung** durch ein Fernglas und verwenden Sie zum Fotografieren ein Teleobjektiv. Dabei sollte jemand auf die Schlange achten, während Sie mit den notwendigen Einstellungen beschäftigt sind. Selbst eine angeblich "tote" Klapperschlange kann noch ein **funktionierendes Nervensystem** und einige funktionierende Muskeln besitzen.

Es gibt mindestens einen gesicherten Bericht über einen Mann, der von dem abgetrennten Kopf einer Klapperschlange gebissen wurde.

Klapperschlangen bringen lebende Jungen zur Welt, und auch diese sind schon gefährlich und sollten nicht berührt oder gereizt werden.

**5. Seien Sie besonders vorsichtig,** wenn Sie mit Felsbrocken, Buschwerk, Holzstapeln und einzelnen Balken, hohlen Kakteen und Schutthaufen aller Art zu tun haben. Klapperschlangenbisse kommen besonders in Gegenden mit hohem Gras vor. Wenn Sie über einen liegenden Baumstamm oder ähnliches steigen, sollten Sie vorher unbedingt auf die andere Seite gesehen haben.

Wenn Sie einen **Stein oder ein Holzstück** hochheben müssen, sollten Sie es/ihn erst auf dem Boden so zu sich hinziehen, daß eine eventuell darunterliegende Klapperschlange nicht direkt zubeißen kann. Die **Unterseiten von Steinen, Holz, Pappkartons** usw. sind außerdem beliebte Skorpion-Behausungen.

✋ Machen Sie es sich zur Regel ohne Ausnahme, **niemals unter etwas zu greifen, unter das Sie nicht sehen können.**

**6. Tragen Sie in Schlangengebieten hohe, widerstandsfähige Stiefel** und Hosen aus festem Stoff. Zwar ist auch das kein absoluter Schutz vor Bissen, doch ist die Gefahr einer Vergiftung deutlich vermindert. Wer ständig in Gegenden arbeitet, in denen das Umfeld der Füße nicht ohne weiteres überblickt werden kann, sollte zusätzlich ein Paar handelsübliche Beinschützer gegen Schlangenbiß tragen.

**7. Skorpione** (und einige andere giftige Kerbtiere) haben die Angewohnheit, **nachts in Stiefel, Zelte, Betten, Socken und andere Behausungen zu kriechen.** Kontrollieren Sie solche Gegenstände grundsätzlich auf Skorpione (vor dem Anziehen ausschütteln). Laufen Sie an warmen Abenden nicht barfuß im Freien oder in alten Gebäuden umher. Skorpione sind ihrer Umgebung oft so gut angepaßt, daß man sie erst bei einem Stich bemerkt.

**8.** Wählen Sie ein Zelt **mit eingenähtem Boden und dicht schließenden Moskitonetzen.** So schützen Sie sich nicht nur vor Skorpionen, sondern auch vor Moskitos und anderen saugenden Insekten.

**9. Fangen oder reizen Sie grundsätzlich kein Tier in der Wüste.** Die meisten sind sowieso mit ihren eigenen Angelegenheiten beschäftigt und werden Ihnen aus dem Weg gehen. Viele Menschen sind versucht, Jungtiere (besonders die attraktiven natürlich) zu "retten".

Widerstehen Sie dieser Versuchung. In den meisten Fällen ist das Tier zum ersten gar nicht so hilflos oder verirrt, zweitens käme es allein am besten zurecht und drittens geht es bei der "Rettung" vor die Hunde.

✋ **Die meisten Probleme** entstehen bei **Fangversuchen.** Alle Tiere, die hübschen und die häßlichen, die giftigen und die wehrlosen, sind unersetzlicher Bestandteil der natürlichen Zusammenhänge im Ökosystem Wüste.

Sie sollten im Interesse der Menschen und ihrer Freude an der Natur **unbehelligt bleiben.**

# Auch die Wüste muß überleben

Unsere wunderbaren, natürlichen Wüstengebiete werden so schwerwiegend mißhandelt, daß sie sich davon vielleicht nie wieder erholen. Regierung und staatliche Stellen sind sich der Probleme oft nicht bewußt oder zeigen kein Interesse an ihnen.

Der sinnloseste Schaden wird im Namen der Erholung durch Buggies und Geländewagen angerichtet. Mit Allradfahrzeugen und Geländemotorrädern verdient die Industrie zur Zeit Millionen, wobei ihr die Wüste als riesiger Spielplatz für ihre Kunden gerade recht kommt.

Wer die Wüste als eine natürliche Umgebung erleben möchte, wird das Heulen der Motoren als beinahe unerträgliche Belästigung empfinden. Wer bereit ist, zehn oder zwanzig Kilometer zu wandern, um in einem Bergtal mit einigen scheuen Wildtieren allein zu sein, kann für dieses zerstörerische Spektakel kaum Verständnis aufbringen.
Eine empfindliche Pflanzenwelt wird regelrecht zermalmt, und in den Reifenspuren nimmt die Auswaschung des Erdreichs ihren Anfang.

Die Narben der Landschaft werden noch vielen Generationen sichtbar bleiben. Auch wir besitzen einen kleinen, geländegängigen Lastwagen, doch der verläßt niemals die Straße oder Piste.

Jedes Gebiet, das dem Geländesport zur Verfügung gestellt wird, kann automatisch als zerstört und biologisch tot angesehen werden.

Viele von uns bezweifeln, daß uns Menschen noch genug Zeit bleibt, unseren lemminghaften Lauf zur Klippe zu stoppen. Doch können wir mit vereinten Kräften die Entwicklung verlangsamen.

Wenn wir Menschen überleben sollen, dann müssen es auch die Berge, die Meere, die Pflanzen, die Tiere und - die Wüste.

## ALLES FÜR DIE REISE:

Wir bieten 18 Jahre Erfahrung, Fachkompetenz durch eigene Praxis-Tests und einen **BERATUNGS-KATALOG** mit 304 Seiten: nicht allein schöne Bilder, sondern umfangreiche Beschreibung mit Vor- und Nachteilen von 3000 Artikeln! Dazu jede Menge Tips und Tricks.

**LAUCHE & MAAS**
**Alte Allee 28**
**81245 München**
**Telefon: 089/ 820 66 77**
**Telefax: 089/ 83 12 88**
Katalog kostet natürlich nichts:

**Name:** _____

**Strasse:** _____

**PLZ + Ort:** _____

# Conrad Stein ⊕ Verlag

**Eichkoppelweg 51 · 24119 Kronshagen ☎ 0431/544090 · Fax 548774**

| | |
|---|---|
| Ägypten-Handbuch / Haag | DM 4,80* |
| Alaska / Richter | DM 29,80 |
| Argentinien-Handbuch / Junghans | DM 26,80 |
| Auf nach Down Under / Sackstedt (edition schwarzweiß) | DM 14,80 |
| Australien-Handbuch / Stein | DM 36,80 |
| Australiens Norden / Dupuis-Panther | DM 24,80 |
| Azoren-Handbuch / Jessel & von Bremen | DM 6,80* |
| Bangladesch / Steinke (edition schwarzweiß) | DM 29,80 |
| Brasilien-Handbuch / Junghans | DM 29,80 |
| Bulgarien / Müller | DM 24,80 |
| Chile-Handbuch / Junghans | DM 26,80 |
| Dänemarks Norden / Treß & Walter | DM 29,80 |
| Dänische Westküste / Treß | DM 24,80 |
| Ein Käfer fährt durch Afrika / Schöttler & Steiner | DM 6,80* |
| Elfenbeinküste / Steinleitner (edition schwarzweiß) | DM 16,80 |
| El Hierro / Faust-Lichtenberger (edition schwarzweiß) | DM 4,80* |
| El Salvador & Honduras / Steinke | DM 29,80 |
| Eritrea / Christmann | DM 24,80 |
| Fiji, Samoa & Tonga / Sach | DM 26,80 |
| Finnland auf eigene Faust / Tegethof | DM 6,80* |
| Florida / Stein | DM 24,80 |
| Fuerteventura / Reifenberger | DM 26,80 |
| Galapagos-Handbuch / Stephenson | DM 4,80* |
| Gomera-Handbuch / Reifenberger - Cabildo Insular | DM 29,80 |
| Gotland / Bohn | DM 22,00 |
| Die Kirchen Gotlands / Lagerlöf & Svahnström | DM 24,80 |
| Gran Canaria-Handbuch / Reifenberger | DM 24,80 |
| Hawaii / Sach | DM 26,80 |
| Holland / Wetters | DM 29,80 |
| Indien per Bahn / Ellis | DM 6,80* |
| Irak / Kleuser (edition schwarzweiß) | DM 4,80* |
| Iran / Berger | DM 36,80 |
| Irland / Elvert | DM 26,80 |
| Island-Handbuch / Richter | DM 29,80 |
| Islands Geologie / Hug-Fleck (edition schwarzweiß) | DM 14,80 |
| Israel / Kautz & Winter | DM 24,80 |
| Jordanien / Kleuser & Röhl | DM 24,80 |
| Kaliningrader Gebiet / Junger & Müller | DM 26,80 |
| Kanada - Alaska Highways / Richter | DM 26,80 |
| Kanadas Westen / Stein | DM 36,80 |
| Kanalinseln / Ferner | DM 29,80 |

# REISE 👉 HANDBÜCHER

# ...überall im Buchhandel

| | |
|---|---|
| Kanarische Inseln / Fründt & Muxfeldt | DM 26,80 |
| Kanarische Wanderungen / Reifenberger | DM 22,00 |
| Komoren / Westenberger | DM 24,80 |
| Kurs Nord / Umbreit & Spaeth (Frühsommer '96) | DM 44,80 |
| La Palma / Reifenberger | DM 24,80 |
| Lanzarote / Reifenberger | DM 26,80 |
| Libanon / Röhl & Rosebrock | DM 24,80 |
| Libyen / Steinke | DM 29,80 |
| Lofoten und Vesterålen / Knoche | DM 24,80 |
| Madeira & Azoren / Jessel & von Bremen (Herbst '95) | DM 34,80 |
| Malawi / Hülsböhmer | DM 24,80 |
| Manitoba & Saskatchewan / Stein (edition schwarzweiß) | DM 4,80* |
| Mauritius / Ellis | DM 26,80 |
| Mexiko, Belize & Guatemala / Fründt & Muxfeldt | DM 29,80 |
| Namibia & Botswana / Gerlinde & Heinrich Lamping | DM 29,80 |
| Nepal 1 - Trekkingrouten / Bezrucka | DM 24,80 |
| Nepal 2 - TrekkingHandbuch / Bezruchka | DM 24,80 |
| Neuseeland-Handbuch / Stein | DM 36,80 |
| Nordamerika per Motorrad / Reitberger | DM 4,80* |
| Ontario mit Montreal und Québec / Stein | DM 29,80 |
| Osterinsel / Hellmich (Frühjahr '96) | DM 24,80 |
| Phuket & Ko Samui / Bolik & Jantawat-Bolik | DM 24,80 |
| Polen / Kerstin & André Micklitza | DM 26,80 |
| Prag / Aslan | DM 19,80 |
| Québec / Hansjosten (edition schwarzweiß) | DM 4,80* |
| Radwandern in Masuren / Ostendorf | DM 19,80 |
| Reisen mit dem Hund / Treß | DM 22,00 |
| Rocky Mountains Nationalparks / Patton | DM 39,80 |
| Rumänien / Müller | DM 22,00 |
| Schottland / Ferner (Frühjahr '96) | DM 29,80 |
| Schweiz / Kürschner | DM 36,80 |
| Senegal / Mang (edition schwarzweiß) | DM 14,80 |
| Shetland & Orkney / Krüger-Hoge (edition schwarzweiß) | DM 4,80* |
| Sibirien / Zöllner | DM 34,80 |
| Slowakei / K. & A. Micklitza | DM 24,80 |
| Spanien a. e. Faust / Fründt & Muxfeldt | DM 6,80* |
| Spitzbergen-Handbuch / Umbreit | DM 29,80 |
| Sri Lanka / Müller-Wöbcke | DM 26,80 |
| Sudan / Benjak & Enders (edition schwarzweiß) | DM 16,80 |
| Südschweden mit Öland / Sachtleben | DM 26,80 |
| Südsee-Trauminsel / Neale | DM 19,80 |

# Informationen aus erster Hand

| | |
|---|---|
| Tahiti & Cook Inseln / Sach | DM 26,80 |
| Tansania & Sansibar / Dippelreither & Walcher | DM 36,80 |
| Tausend Tips für Trotter, Tramper, Traveller | DM 22,00 |
| Teneriffa / Reifenberger | DM 29,80 |
| Thailand / Bolik & Jantawat-Bolik | DM 29,80 |
| Thailands Süden / Bolik & Jantawat-Bolik | DM 6,80* |
| Touren in Böhmen / Nagel (edition schwarzweiß) | DM 19,80 |
| Touren in Masuren / Stein | DM 24,80 |
| Touren in Schlesien / K. & A. Micklitza | DM 24,80 |
| Tschechei - Tschechische Republik - Tschechien / Micklitza | DM 26,80 |
| Ungarn / Ohlberg, Jochimsen, Micklitza | DM 22,00 |
| USA - Nordwesten / Richter | DM 26,80 |
| USA - Südwesten / Richter | DM 29,80 |
| Venezuela auf eigene Faust / Travelot | DM 26,80 |
| Vereinigte Arabische Emirate / Röhl | DM 22,00 |
| Wandern in den kanadischen Rockies / Patton & Robinson | DM 22,00 |
| Wandern in Neuseeland / Stein | DM 19,80 |
| Zimbabwe / Zuchan | DM 26,80 |
| Zw. Sydney u. Melbourne / Hamm & Abenath (Herbst '95) | DM 26,80 |

*\* unverbindliche Preisempfehlung*

## OutdoorHandbücher
### - Basiswissen für Draußen -

| Band | DM | Band | DM |
|---|---|---|---|
| 1 Rafting | 12,80 | 13 Wetter | 12,80 |
| 2 Mountainbiking | 12,80 | 14 Allein im Wald | 12,80 |
| 3 Knoten | 12,80 | Survival für Kinder | |
| 4 Karte & Kompaß | 12,80 | 15 Wandern mit Kind | 12,80 |
| 5 Eßbare Wildpflanzen | 12,80 | zu Fuß · per Rad · mit Kanu | |
| 6 Skiwandern | 12,80 | 16 Sex | 12,80 |
| 7 Wildniswandern | 12,80 | Vorbereitung · Technik · Varianten | |
| 8 Kochen | 12,80 | 20 Wüsten-Survival | 14,80 |
| 9 Bergwandern | 12,80 | 21 Angeln | 14,80 |
| 10 Solo im Kanu | 12,80 | 22 Leben in der Wildnis | 14,80 |
| 11 Kanuwandern | 12,80 | 24 Wohnmobil (Frühj. '96) | 14,80 |
| 12 Fotografieren | 12,80 | 25 Wale beobachten (Fj. '96) | 14,80 |

### - Der Weg ist das Ziel -

| Band | DM | Band | DM |
|---|---|---|---|
| 17 Sarek | 19,80 | 26 West Highland Way (Fj '96) | 19,80 |
| 18 Kungsleden | 19,80 | 27 John Muir Trail (Fj '96) | 19,80 |
| 19 Yukon | 19,80 | 28 Landmannalaugar (Fj '96) | 19,80 |
| 23 Jakobsweg (Fj '96) | 19,80 | | |

☞ *Weitere Bände in Vorbereitung.*
*Fordern Sie unseren aktuellen Verlagsprospekt an.*

## REISE ☞ HANDBÜCHER